6年

実力アップ

英語 練習ノート

ふろく英語カードの練習ができる！

年	組	名前

1 職業 ①

📖 読みながらなぞって、もう1回書きましょう。

①

artist
芸術家

artist

artist

②

astronaut
宇宙飛行士

astronaut

┈┈┈ o ではなく a だよ。

③

carpenter
大工

carpenter

┈┈┈ a ではなく e だよ。

④

comedian
お笑い芸人

comedian

⑤

dentist
歯医者

dentist

dentist

2 職業 ②

🔹 読みながらなぞって、もう１回書きましょう。

⑥

flight attendant
客室乗務員

＋ ----- 間をあけるよ。

⑦

musician
ミュージシャン、音楽家

⑧ cook

＋ ----- oを２つ重ねるよ。

cook
料理人、コック

⑨

pianist

pianist
ピアニスト

⑩ scientist

＋ ----- aではなくcだよ。

scientist
科学者

3 職業 ③

📖 読みながらなぞって、もう1回書きましょう。

⑪

soccer player

soccer player

⤴ ┄┄ a ではなく o だよ。

soccer player

サッカー選手

⑫

vet

vet

vet

vet
獣医

⑬

writer

writer

↑ ┄┄ w から始まるよ。

writer

writer

作家

⑭

zookeeper

zookeeper

動物園の飼育員

4 身の回りの物 ①

❇ 読みながらなぞって、もう１回書きましょう。

⑮

bat
バット

bat

bat

⑯

eraser
消しゴム

eraser

eraser

⑰

glasses
めがね

glasses

‑‑‑‑‑‑ sを２つ重ねるよ。

glasses

⑱

ink
インク

ink

ink

5 身の回りの物 ②

🟦 読みながらなぞって、もう１回書きましょう。

⑲

magnet
磁石

magnet

magnet

⑳

pencil sharpener

pencil sharpener
えんぴつけずり

s ではなく c だよ。

㉑

present
プレゼント

present

z ではなく s だよ。

present

㉒

racket
ラケット

racket

racket

6 身の回りの物 ③

🔹 読みながらなぞって、もう1回書きましょう。

㉓

soccer ball
サッカーボール

soccer ball

㉔

stapler
ホッチキス

stapler

------ a ではなく e だよ。

stapler

㉕

smartphone
スマートフォン

smartphone

㉖

umbrella
かさ

umbrella

------ l を2つ重ねるよ。

7 スポーツ

読みながらなぞって、もう１回書きましょう。

㉗

gymnastics
体操（たいそう）

gymnastics

↑ i ではなく y だよ。

㉘

rugby
ラグビー

rugby

rugby

㉙

surfing
サーフィン

surfing

↑ a ではなく u だよ。

surfing

㉚

tennis
テニス

tennis

tennis

㉛

wrestling
レスリング

wrestling

8 食べ物・飲み物 ①

📖 読みながらなぞって、もう１回書きましょう。

③②

food
食べ物

food

food

③③

drink
飲み物

drink

drink

③④

dessert
デザート

dessert

------ ｓを２つ重ねるよ。

dessert

③⑤

menu
メニュー

menu

menu

③⑥

omelet
オムレツ

omelet

------ ｒではなくｌだよ。

omelet

9 食べ物・飲み物 ②

❖ 読みながらなぞって、もう1回書きましょう。

③⑦

nut

a ではなく u だよ。

nut

nut
ナッツ、木の実

③⑧

broccoli

broccoli

broccoli
ブロッコリー

③⑨

pumpkin

n ではなく m だよ。

pumpkin

pumpkin
カボチャ

④⓪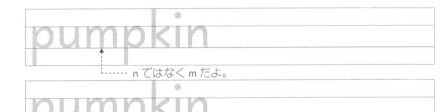

yogurt

yogurt

yogurt
ヨーグルト

④①

jam

jam

jam
ジャム

10 食べ物・飲み物 ③

🍀 読みながらなぞって、もう１回書きましょう。

㊷

pudding

------ d を２つ重ねるよ。

pudding

pudding
プリン

㊸

donut

donut

donut
ドーナツ

㊹

cookie

cookie

cookie
クッキー

㊺

shaved ice

------ s ではなく c だよ。

shaved ice
かき氷

㊻

green tea

green tea
緑茶

11 自然 ①

🌸 読みながらなぞって、もう1回書きましょう。

㊼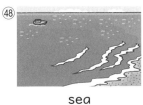

mountain

山

------ e ではなく a だよ。

㊽

sea

海

------ a で終わるよ。

sea

㊾

river

川

river

river

㊿

lake

湖

lake

lake

51

beach

浜辺

------ a をわすれずに！

beach

12 自然 ②

読みながらなぞって、もう1回書きましょう。

⑤②

island
島

island

╌╌╌ s をわすれずに！

island

⑤③

tree
木

tree

tree

⑤④

sun
太陽

sun

╌╌╌ a ではなく u だよ。

sun

⑤⑤

moon
月

moon

moon

⑤⑥

star
星

star

star

13 自然 ③ / 動物 ①

読みながらなぞって、もう１回書きましょう。

(57)

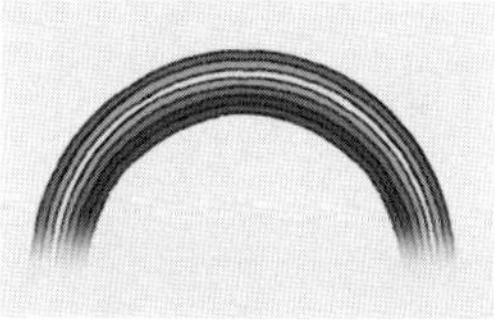

rainbow
にじ

rainbow
rainbow

(58)

giraffe
キリン

giraffe
fを２つ重ねるよ。
giraffe

(59)

goat
ヤギ

goat
goat

(60)

koala
コアラ

koala
koala

(61)

penguin
ペンギン

penguin
uをわすれずに！
penguin

14 動物 ②

🍀 読みながらなぞって、もう1回書きましょう。

⑥2

sea turtle

ウミガメ

sea turtle

⤷------ a ではなく u だよ。

⑥3

whale

クジラ

whale

whale

⑥4

wolf

オオカミ

wolf

wolf

⑥5

zebra

シマウマ

zebra

zebra

⑥6

ant

アリ

ant

ant

15 動物 ③ / 学校行事 ①

読みながらなぞって、もう1回書きましょう。

⑦

butterfly

チョウ

butterfly

t を2つ重ねるよ。

⑧

frog

カエル

frog

frog

⑨

entrance ceremony

入学式

entrance ceremony

s ではなく c だよ。

⑩

sports day

運動会

sports day

⑪

school trip

修学旅行

school trip

16 学校行事 ②

■ 読みながらなぞって、もう1回書きましょう。

⑰72

chorus contest
合唱コンクール

chorus contest

⑦73

swimming meet
水泳競技会

swimming meet

⑭74

drama festival
学芸会

drama festival

⑮75
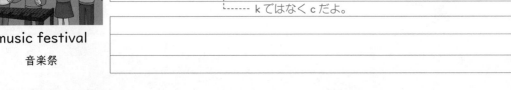
music festival
音楽祭

music festival

↑
⸻ k ではなく c だよ。

⑯76

field trip
遠足、社会科見学

field trip

↑
⸻ e をわすれずに！

17 学校行事 ③ / 日本文化 ①

📖 読みながらなぞって、もう１回書きましょう。

⑦

marathon
マラソン

marathon

s ではなく th だよ。

⑦⑧

volunteer day
ボランティアの日

volunteer day

⑦⑨

graduation ceremony
卒業式

graduation ceremony

⑧⑩

cherry blossom
桜（の花）

cherry blossom

s を２つ重ねるよ。

⑧⑪
fireworks
花火

fireworks

fireworks

18 日本文化 ② / 施設・建物 ①

📖 読みながらなぞって、もう1回書きましょう。

⑧②

festival
祭り

festival

festival

⑧③

hot spring
おんせん
温泉

hot spring

⑧④

town
町

town
┊
┊------ a ではなく o だよ。

town

⑧⑤

bookstore
書店

bookstore
┊
┊------ o を2つ重ねるよ。

⑧⑥
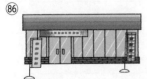
convenience store
コンビニエンスストア

convenience store

19 施設・建物 ②

📖 読みながらなぞって、もう1回書きましょう。

⑧⑦
department store
デパート

department store

⑧⑧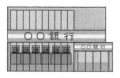
movie theater
映画館

movie theater

s ではなく th だよ。

⑧⑨
bank
銀行

bank

bank

⑨⓪
bakery
パン店

bakery

a ではなく e だよ。

bakery

⑨①
factory
工場

factory

factory

20 施設・建物 ③

せ つ

■ 読みながらなぞって、もう1回書きましょう。

⑨②

amusement park

遊園地

amusement park

⑨③

aquarium

水族館

aquarium

↑------ k ではなく q だよ。

⑨④
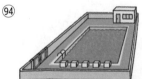

swimming pool

プール

swimming pool

↑------ m を2つ重ねるよ。

⑨⑤

stadium

スタジアム

stadium

stadium

⑨⑥

zoo

動物園

zoo

zoo

21 施設・建物 ④

読みながらなぞって、もう1回書きましょう。

⑨⑦

castle
城

castle

------ t をわすれずに！

castle

⑨⑧

temple
寺

temple

temple

⑨⑨

shrine
神社

shrine

shrine

⑩⑩

garden
庭

garden

garden

⑩①

bridge
橋

bridge

------ d をわすれずに！

bridge

22 様子や状態を表すことば ①

読みながらなぞって、もう１回書きましょう。

delicious
とてもおいしい

delicious

(103)

exciting
わくわくさせる

exciting

┄┄┄┄ s ではなく c だよ。

exciting

(104)

fun
楽しいこと

fun

┄┄┄┄ a ではなく u だよ。

fun

(105)

interesting
おもしろい

interesting

(106)

wonderful
すばらしい、おどろくべき

wonderful

23 様子や状態を表すことば ②

❖ 読みながらなぞって、もう1回書きましょう。

⑩⑦

beautiful
美しい

beautiful

⑩⑧

brave
ゆうかん
勇敢な

brave

brave

⑩⑨

funny
おかしい

funny
┄┄ a ではなく u だよ。

funny

⑩⑩

popular
人気のある

popular
┄┄ r ではなく l だよ。

popular

⑪⑪

cute
かわいい

cute

cute

24 様子や状態を表すことば ③

📖 読みながらなぞって、もう1回書きましょう。

⑪⑫

scary
こわい

scary

scary

⑪⑬

thirsty
のどがかわいた

thirsty

thirsty

╰----- th で始まるよ。

⑪⑭

high
高い

high

high

╰----- g をわすれずに！

⑪⑮

tall
(背が)高い

tall

tall

25 味

読みながらなぞって、もう1回書きましょう。

⑯

sweet
あまい

sweet
┆
╰---- e を2つ重ねるよ。

sweet

⑰

bitter
苦い

bitter
┆
╰---- t を2つ重ねるよ。

bitter

⑱

sour
すっぱい

sour

sour

⑲

salty
塩からい

salty

salty

⑳

spicy
からい、ぴりっとした

spicy
┆
╰---- s ではなく c だよ。

spicy

26 動作・活動を表すことば ①

読みながらなぞって、もう1回書きましょう。

(121)

camping
キャンプ

camping

・・・・ n ではなく m だよ。

camping

(122)

hiking
ハイキング

hiking

hiking

(123)

shopping
買い物

shopping

・・・・ p を2つ重ねるよ。

(124)

fishing
魚つり

fishing

fishing

(125)

enjoy
楽しむ

enjoy

enjoy

27 動作・活動を表すことば ②

読みながらなぞって、もう1回書きましょう。

⑫

visit
ほうもん
訪問する

visit

visit

⑫

talk
話す

talk
------ o ではなく a だよ。
talk

⑫

read
読む

read
------ a をわすれずに！
read

⑫

teach
教える

teach

teach

⑬

study
勉強する

study

study

28 動作・活動を表すことば ③

🟦 読みながらなぞって、もう１回書きましょう。

⑴³¹

draw
絵をかく

draw

draw

⑴³²

run fast
速く走る

run fast

run fast

⑴³³

jump rope

jump rope

┗----- a ではなく u だよ。

jump rope
縄とびをする

⑴³⁴

play soccer

play soccer
サッカーをする

●勉強した日　　月　　日

29 動作・活動を表すことば ④ / 日課 ①

読みながらなぞって、もう１回書きましょう。

(135)

play the piano

ピアノをひく

play the piano

(136)

ride a unicycle

一輪車に乗る

ride a unicycle

iではなくyだよ。

(137)

wash my face

顔をあらう

wash my face

(138)

brush my teeth

歯をみがく

brush my teeth

eを２つ重ねるよ。

30 日課 ②

📖 読みながらなぞって、もう1回書きましょう。

⑬⑨

eat breakfast

eat breakfast

朝食を食べる

⑭⓪

eat lunch

┄┄┄┄ a ではなく u だよ。

eat lunch

昼食を食べる

⑭①

eat dinner

┄┄┄┄ n を2つ重ねるよ。

eat dinner

夕食を食べる

⑭②

walk my dog

walk my dog

イヌを散歩させる

⑭③

get the newspaper

get the newspaper

新聞を取る

31 日課 ③

■ 読みながらなぞって、もう1回書きましょう。

(144)

take out the garbage
ごみを出す

take out the garbage

(145)

clean my room
部屋のそうじをする

clean my room

(146)

set the table
食卓の準備をする

set the table

┄┄┄┄ e ではなく a だよ。

(147)

wash the dishes
皿をあらう

wash the dishes

(148)

clean the bath
風呂のそうじをする

clean the bath

┄┄┄┄ a をわすれずに！

ツ・職業・動作・日付

教科書ワーク

🔊音声

♪p02

astronaut
宇宙飛行士

baker
パン焼き職人

pilot
パイロット

doctor
医者

pianist
ピアニスト

comedian
お笑い芸人

singer
歌手

florist
生花店の店員

farmer
農場主

fire fighter
消防士

police officer
警察官

tennis player
テニス選手

bus driver
バスの運転手

visit
訪問する

study
勉強する

cook
料理をする

buy
買う

clean
そうじをする

th 20th 21st 22nd 23rd 24th 25th 26th 27th 28th 29th 30th 31st ♪p04 **Date**

教科書ワーク英語6年折込

♪ p01

soccer
サッカー

basketball
バスケットボール

Japanese
国語

English
英語

badminton
バドミントン

baseball
野球

math
算数

social studies
社会科

music
音楽

science
理科

volleyball
バレーボール

table tennis
卓球

P.E.
体育

♪ p03

swim
泳ぐ

enjoy
楽しむ

skate
スケートをする

eat
食べる

ski
スキーをする

dance
踊る

1st 2nd 3rd 4th 5th 6th 7th 8th 9th 10th 11th 12th 13th 14th 15th 16th 17th 18th 1

わくわく英語カード

教科書ワーク **6年** 1～79
スピーキングアプリ対応

わくわく英語カード

教科書ワーク **6年** 80～156
スピーキングアプリ対応

使い方

① 切りはなして、リングなどでとじます。
② 音声に続けて言いましょう。音声はこちらから聞くことができます。
③音

③ 日本語を見て英語を言いましょう。

英語がわかったら
英語で何回も言えたら
かんぺきだと思ったら
それぞれのアイコンを丸で囲みましょう。

---

1 芸術家

2 宇宙飛行士

3 大工

4 お笑い芸人

5 歯医者
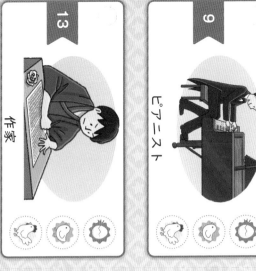

6 客室乗務員
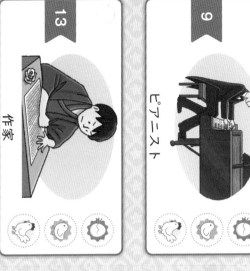

7 ミュージシャン、音楽家

8 料理人、コック

9 ピアニスト
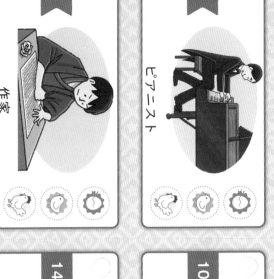

10 科学者
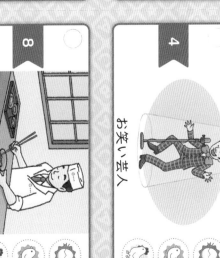

11 サッカー選手

12 獣医

13 作家

14 動物園の飼育員
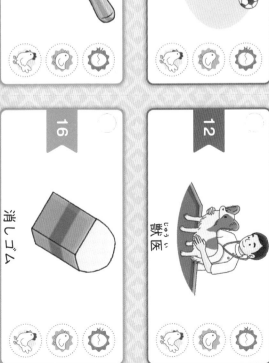

15 バット

16 消しゴム

裏面の英語を見て、日本語も言えるかな？

教科書ワーク 英語 6年 付録 単語カード 1～79

付録のスピーキングアプリを いっしょに使って、発音の練習もしてみよう！

教科書ワーク 英語 6年 付録 単語カード 80～156

♪c01 **1** artist

♪c01 **2** astronaut

♪c01 **3** carpenter

♪c01 **4** comedian

♪c01 **5** dentist

♪c01 **6** flight attendant

♪c01 **7** musician

♪c01 **8** cook
chef とも言うよ。cook には 「料理をする」という意味もあるよ。

♪c01 **9** pianist

♪c01 **10** scientist

♪c01 **11** soccer player

♪c01 **12** vet

♪c01 **13** writer
write は「書く」という 意味だよ。

♪c01 **14** zookeeper
zoo keeper と2語で 表すこともあるよ。

♪c02 **15** bat

♪c02 **16** eraser

17 めがね	21 プレゼント	25 スマートフォン	29 サーフィン	33 飲み物
18 インク	22 ラケット	26 かさ	30 テニス	34 デザート
19 磁石	23 サッカーボール	27 体操	31 レスリング	35 メニュー
20 えんぴつけずり	24 ホッチキス	28 ラグビー	32 食べ物	36 オムレツ

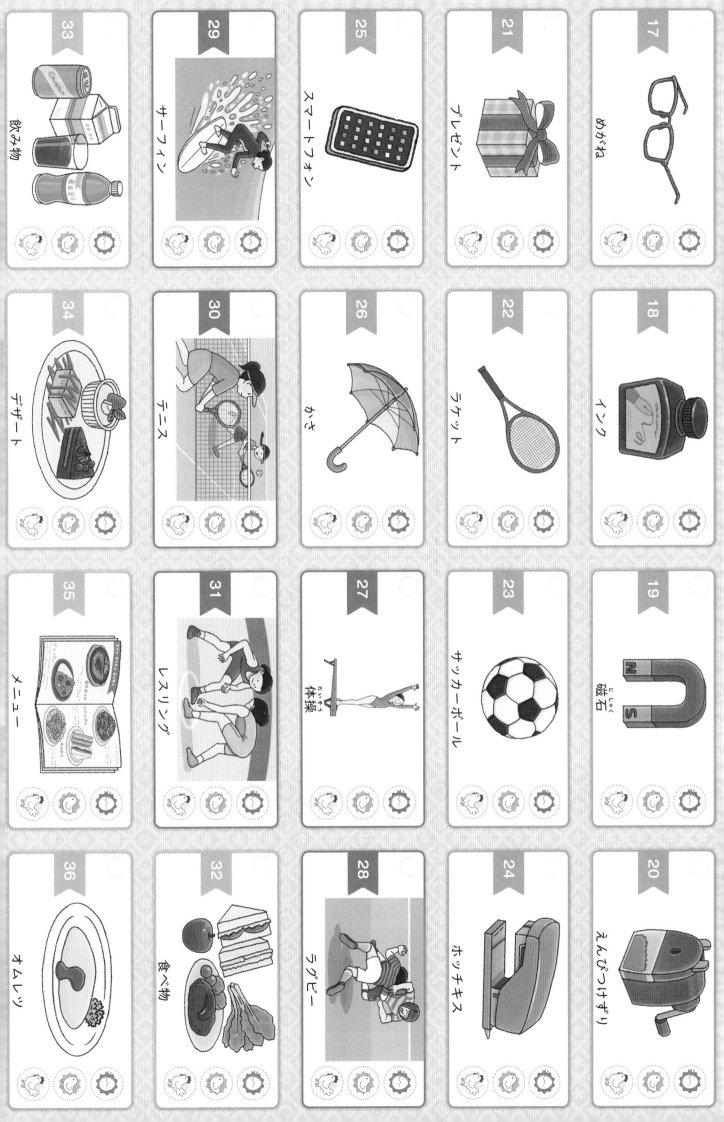

c02	17	glasses
c02	18	ink
c02	19	magnet
c02	20	pencil sharpener
c02	21	present
c02	22	racket
c02	23	soccer ball
c02	24	stapler
c02	25	smartphone

phone は「電話」という意味だよ。

c02	26	umbrella
c03	27	gymnastics
c03	28	rugby
c03	29	surfing
c03	30	tennis
c03	31	wrestling
c04	32	food
c04	33	drink
c04	34	dessert
c04	35	menu
c04	36	omelet

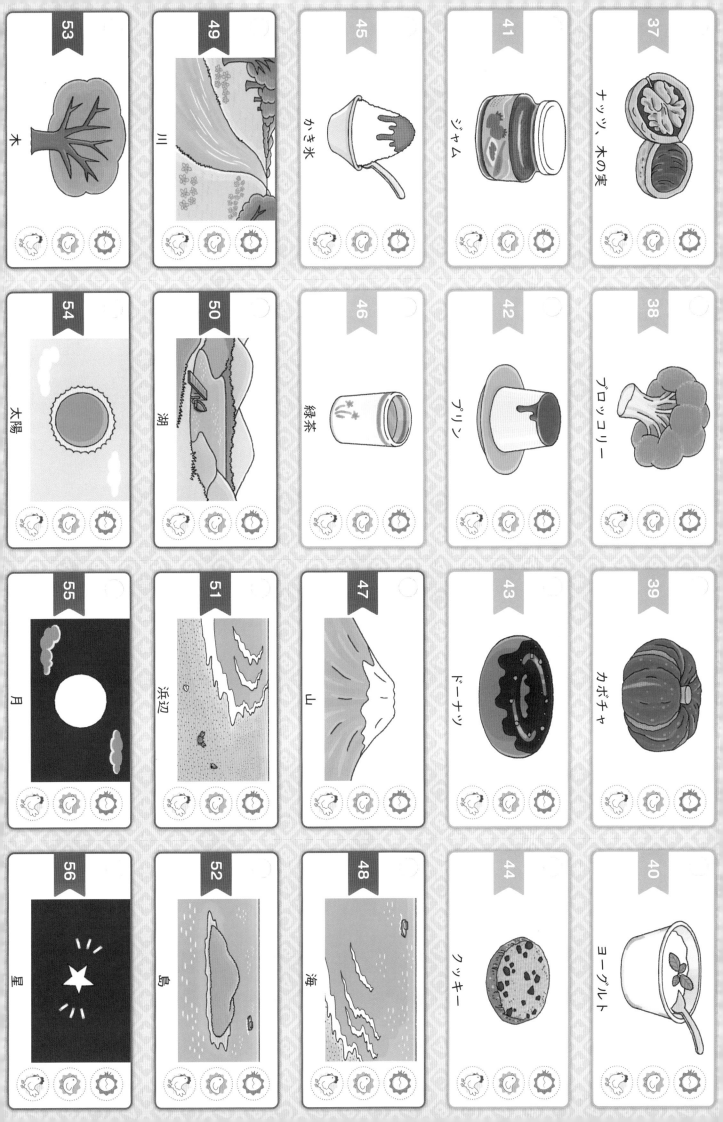

53 木	49 川	45 かき氷	41 ジャム	37 ナッツ、木の実
54 太陽	50 湖	46 緑茶	42 プリン	38 ブロッコリー
55 月	51 浜辺	47 山	43 ドーナツ	39 カボチャ
56 星	52 島	48 海	44 クッキー	40 ヨーグルト

♪ c04 37	♪ c04 38	♪ c04 39	♪ c04 40
nut	**broccoli**	**pumpkin**	**yogurt**

♪ c04 41	♪ c04 42	♪ c04 43	♪ c04 44
jam	**pudding**	**donut**	**cookie**

♪ c04 45	♪ c04 46	♪ c05 47	♪ c05 48
shaved ice snow cone という 言い方もあるよ。	**green tea** tea だけだとふつう [紅茶] をさすよ。	**mountain**	**sea**

♪ c05 49	♪ c05 50	♪ c05 51	♪ c05 52
river	**lake**	**beach**	**island** 発音に注意しよう。 s は発音しないよ。

♪ c05 53	♪ c05 54	♪ c05 55	♪ c05 56
tree	**sun**	**moon** [満月] は full moon と言うよ。	**star**

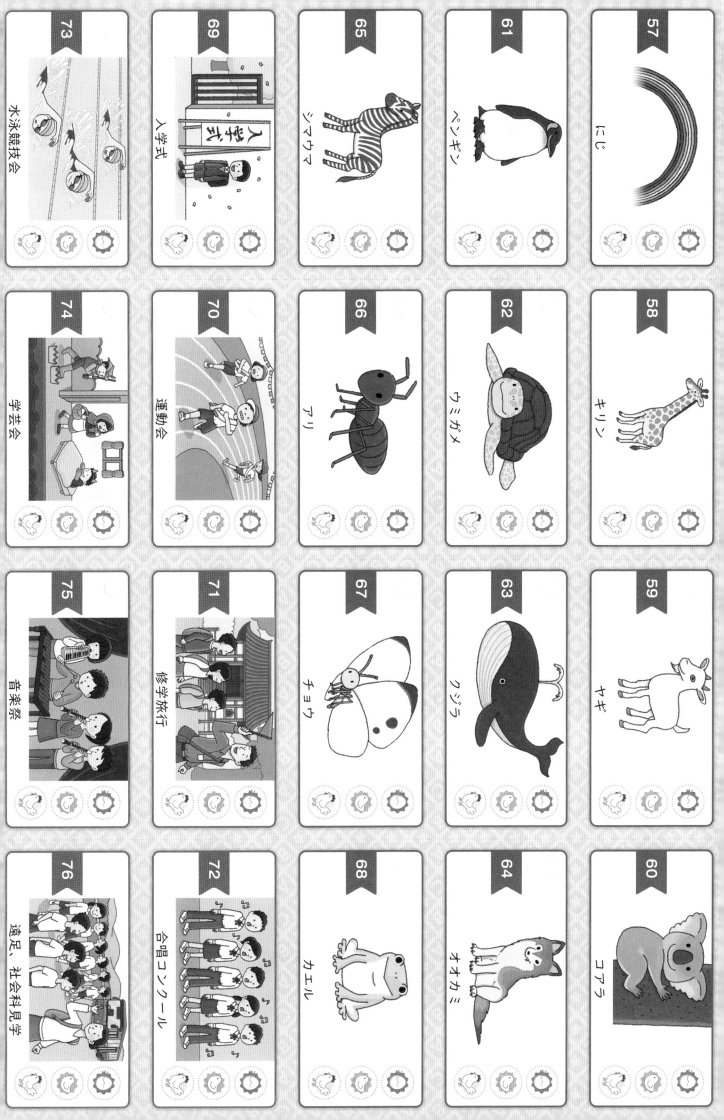

57 にじ

58 キリン

59 ヤギ

60 コアラ

61 ペンギン

62 ウミガメ

63 クジラ

64 オオカミ

65 シマウマ

66 アリ

67 チョウ

68 カエル

69 入学式

70 運動会

71 修学旅行

72 合唱コンクール

73 水泳競技会

74 学芸会

75 音楽祭

76 遠足、社会科見学

♪ c05	57	**rainbow**
♪ c06	58	**giraffe**
♪ c06	59	**goat**
♪ c06	60	**koala**

♪ c06	61	**penguin**
♪ c06	62	**sea turtle** — turtleは「カメ」という意味だよ。
♪ c06	63	**whale**
♪ c06	64	**wolf** — 2ひき以上は wolves だよ。

♪ c06	65	**zebra**
♪ c06	66	**ant**
♪ c06	67	**butterfly** — 2ひき以上は butterflies だよ。
♪ c06	68	**frog**

♪ c07	69	**entrance ceremony** — entrance は「入口」という意味もあるよ。
♪ c07	70	**sports day** — sports festival という言い方もあるよ。
♪ c07	71	**school trip**
♪ c07	72	**chorus contest**

♪ c07	73	**swimming meet** — swim meet という言い方もあるよ。
♪ c07	74	**drama festival**
♪ c07	75	**music festival** — school concert という言い方もあるよ。
♪ c07	76	**field trip**

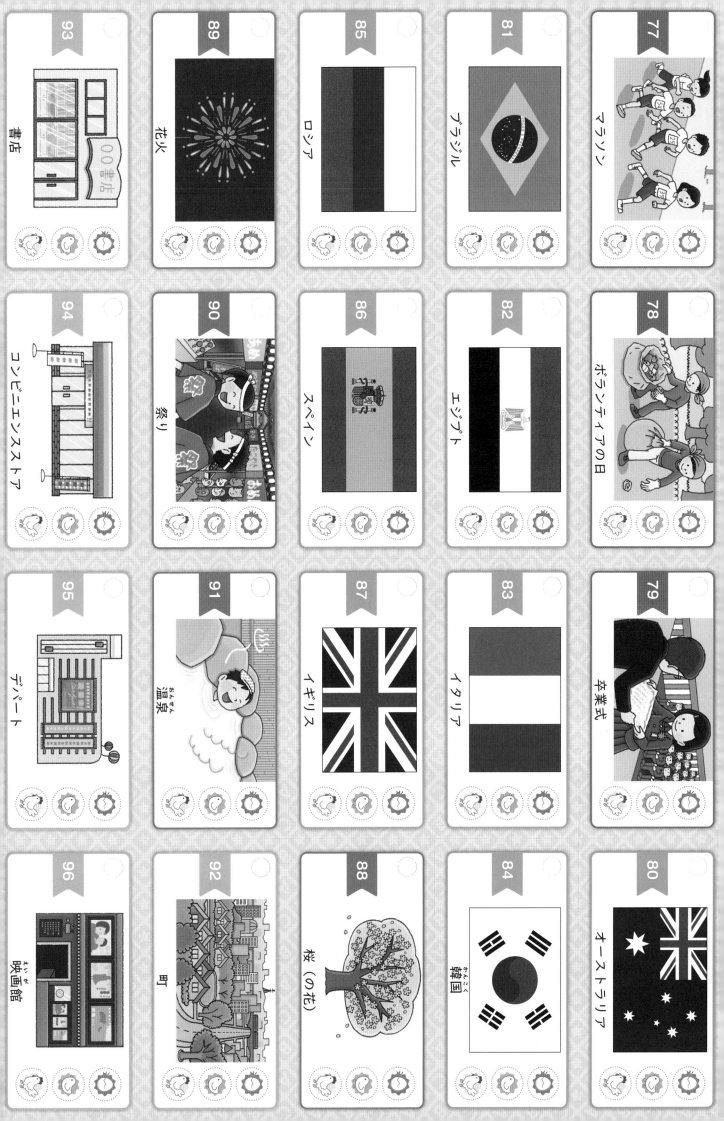

93 書店	89 花火
94 コンビニエンスストア	90 祭り
95 デパート	91 温泉（おんせん）
96 映画館（えいが）	92 町

85 ロシア	81 ブラジル	77 マラソン
86 スペイン	82 エジプト	78 ボランティアの日
87 イギリス	83 イタリア	79 卒業式
88 桜（の花）	84 韓国（かんこく）	80 オーストラリア

| c07 77 | marathon |

| c07 78 | volunteer day |

| c07 79 | graduation ceremony |
| graduation day という言い方もあるよ。 |

| c08 80 | Australia |

| c08 81 | Brazil |

| c08 82 | Egypt |

| c08 83 | Italy |

| c08 84 | Korea |
| South Korea という言い方もあるよ。 |

| c08 85 | Russia |

| c08 86 | Spain |

| c08 87 | the U.K. |
| the United Kingdom を短くした言い方だよ。 |

| c09 88 | cherry blossom |

| c09 89 | fireworks |

| c09 90 | festival |

| c09 91 | hot spring |

| c10 92 | town |
| 似たものに city（市、都市）があるよ。 |

| c10 93 | bookstore |

| c10 94 | convenience store |

| c10 95 | department store |

| c10 96 | movie theater |
| theater は「劇場」という意味だよ。 |

113 おもしろい	109 橋	105 城	101 水族館	97 銀行
114 すばらしい、おどろくべき	110 とてもおいしい	106 寺	102 プール	98 パン店
115 美しい	111 わくわくさせる	107 神社	103 スタジアム	99 工場
116 勇敢な	112 楽しいこと	108 庭	104 動物園	100 遊園地

♪c10 97	♪c10 98	99	♪c10 100
bank	**bakery**	**factory**	**amusement park**

♪c10 101	♪c10 102	103	♪c10 104
aquarium	**swimming pool** swimming は「水泳」 という意味だよ。	**stadium**	**zoo**

♪c10 105	♪c10 106	♪c10 107	♪c10 108
castle 発音に注意しよう。 t は発音しないよ。	**temple**	**shrine**	**garden**

♪c10 109	♪c11 110	111	♪c11 112
bridge	**delicious**	**exciting**	**fun**

♪c11 113	♪c11 114	115	♪c11 116
interesting	**wonderful**	**beautiful**	**brave**

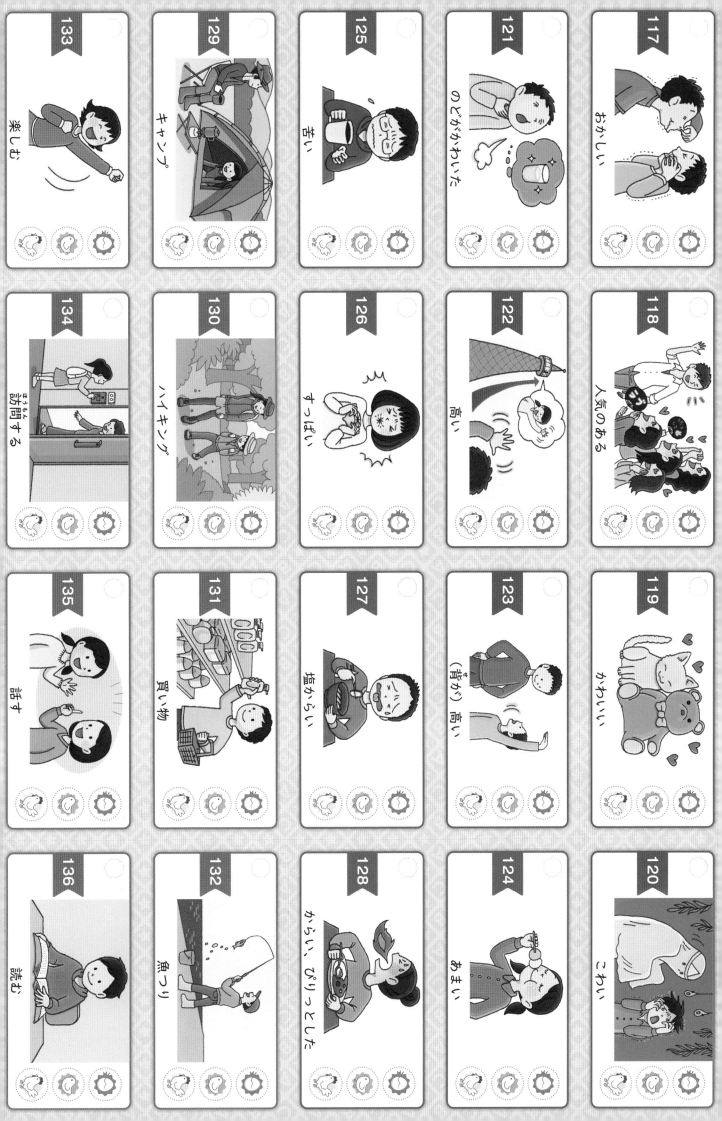

133 楽しむ

129 キャンプ

125 苦い

121 のどがかわいた

117 おかしい

134 訪問する

130 ハイキング

126 すっぱい

122 高い

118 人気のある

135 話す

131 買い物

127 塩からい

123 (背が)高い

119 かわいい

136 読む

132 魚つり

128 からい、ぴりっとした

124 あまい

120 こわい

♪ c11 117 **funny**	♪ c11 118 **popular**	♪ c11 119 **cute**
♪ c11 120 **scary**	♪ c11 121 **thirsty**	♪ c11 122 **high** 「位置が高い」ときなどに使うよ。
♪ c11 123 **tall**	♪ c12 124 **sweet**	♪ c12 125 **bitter**
♪ c12 126 **sour**	♪ c12 127 **salty** 「塩」は salt だよ。	♪ c12 128 **spicy**
♪ c13 129 **camping**	♪ c13 130 **hiking**	♪ c13 131 **shopping**
♪ c13 132 **fishing**	♪ c13 133 **enjoy**	♪ c13 134 **visit**
♪ c13 135 **talk** 「会話をする」というときなどに使うよ。	♪ c13 136 **read** read books で「読書をする」だよ。	

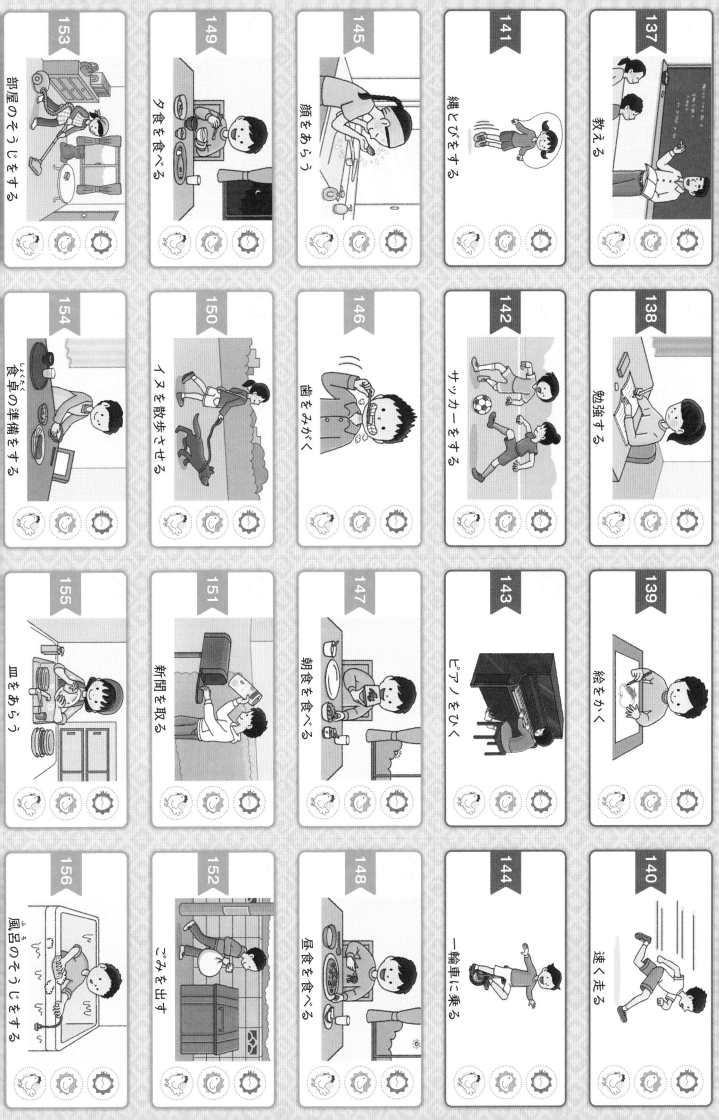

137 教える

138 勉強する

139 絵をかく

140 速く走る

141 縄とびをする

142 サッカーをする

143 ピアノをひく

144 一輪車に乗る

145 顔をあらう

146 歯をみがく

147 朝食を食べる

148 昼食を食べる

149 夕食を食べる

150 イヌを散歩させる

151 新聞を取る

152 ごみを出す

153 部屋のそうじをする

154 食卓の準備をする

155 皿をあらう

156 風呂のそうじをする

♪ c13 137
teach

♪ c13 138
study

♪ c13 139
draw
「絵の具でかく」ときは paint を使うよ。

♪ c13 140
run fast
fast は「速く」という意味だよ。

♪ c13 141
jump rope

♪ c13 142
play soccer

♪ c13 143
play the piano
「(楽器を)ひく」というときは楽器名の前に the をつけるよ。

♪ c13 144
ride a unicycle
ride a bicycle[bike] で「自転車に乗る」だよ。

♪ c14 145
wash my face

♪ c14 146
brush my teeth
teeth は 2 本以上の歯のことだよ。1 本の歯は tooth だよ。

♪ c14 147
eat breakfast
have breakfast と言うこともあるよ。

♪ c14 148
eat lunch
have lunch と言うこともあるよ。

♪ c14 149
eat dinner
have dinner と言うこともあるよ。

♪ c14 150
walk my dog

♪ c14 151
get the newspaper

♪ c14 152
take out the garbage

♪ c14 153
clean my room

♪ c14 154
set the table

♪ c14 155
wash the dishes

♪ c14 156
clean the bath

教科書ワーク もくじ

教育出版版 英語6年

この本のくわしい使い方

小学教科書ワークでは 教科書内容の学習 ・ 重要単語の練習 ・ 重要表現のまとめ の3つの柱で
小学校で習う英語を楽しくていねいに学習できます。ここではそれぞれの学習の流れを紹介します。

教科書内容の学習

① 基本のワーク

アレック Alec先生

QRコードを読み取ると音声が
流れるよ！
リズムに合わせて楽しく練習！

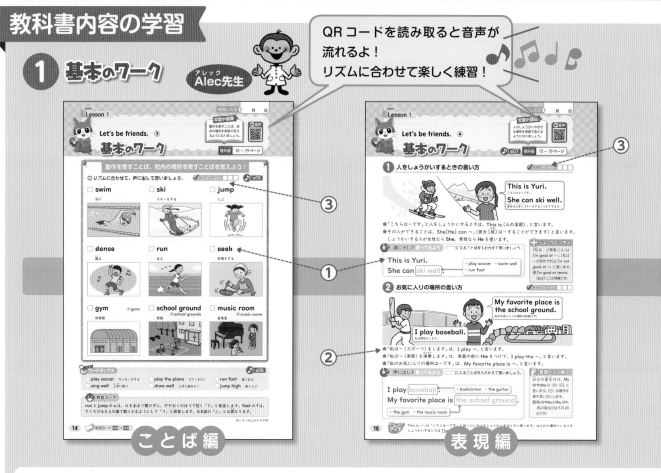

① 新しく習う英語を音声に続いて大きな声で言おう。
- ことば編 では、その単元で学習する単語をリズムに合わせて音読するよ。
- 表現編 では、最初にふきだしの英語の音声を聞いて、その単元で学習する表現を確認するよ。
  次に「声に出して言ってみよう！」で □ のことばに入れかえてリズムに合わせて音読するよ。
② 新しく習う表現についての説明を読もう。
③ 声に出して言えたら、□にチェックをつけよう。

重要単語の練習

① わくわく英語カード

ことば編 の最後に、英語カード
の対応番号が書いてあるよ！

英語カード 32 〜 36

② 英語練習ノート

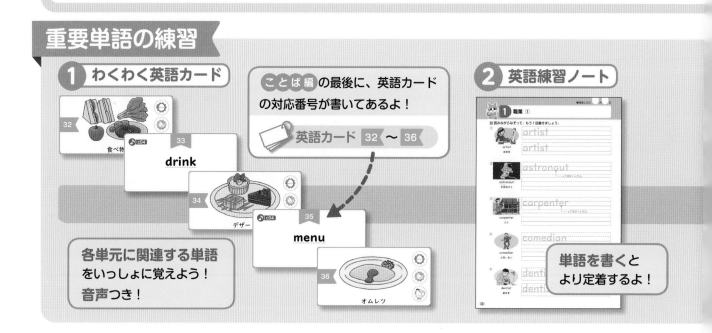

各単元に関連する単語
をいっしょに覚えよう！
音声つき！

単語を書くと
より定着するよ！

※QRコードは(株)デンソーウェーブの登録商標です。

英語音声の再生方法は
5ページを見よう！

リョウ
Ryo

② 書いて練習のワーク

③ 聞いて練習のワーク

QRコードから問題の音声
が聞けるよ。

④ まとめのテスト

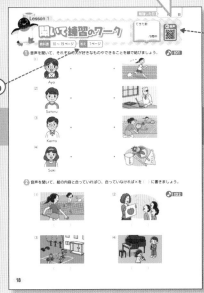

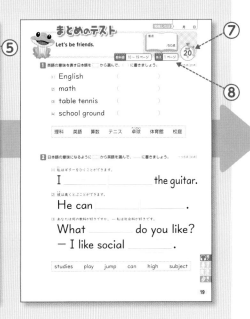

④新しく習ったことばや表現を書いて練習しよう。声に出して言いながら書くと効果的だよ。

⑤音声を聞いて問題に答えよう。聞きとれなかったら、もう一度聞いてもOK。

⑥解答集を見て答え合わせをしよう。読まれた音声も確認！

⑦確認問題にチャレンジ！問題をよく読もう。時間を計ってね。

⑧解答集を見て答え合わせをしよう。

③ 単語リレー(実力判定テスト)やはつおん上達アプリおん達でアウトプット！

単語リレーで単語の
テストができるよ！

おん達ではつおん
練習ができるよ！

おん達の使い方・アクセス
コードは4ページを見よう！

ヒナ
Hina

重要表現のまとめ

動画で復習&アプリで練習!
重要表現まるっと整理

QRコードを読み取ると
わくわく動画が見られるよ!

わくわく動画

リズムに合わせて表現の復習!

自己表現の練習も!

発音上達アプリ**おん達**
にも対応しているよ。

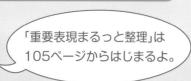

「重要表現まるっと整理」は
105ページからはじまるよ。

アドラ
Adra

最後にまとめとして使って
もよいし、日ごろの学習に
プラスしてもよいね!

オリバー
Oliver

アプリ・音声について

この本のふろくのすべてのアクセスコードは **E3PNPF9a** です。

★ 文理のはつおん上達アプリ　おん達

- 「重要表現まるっと整理」と「わくわく英語カード」の発話練習ができます。
- お手本の音声を聞いて、自分の発音をふきこむとAIが点数をつけます。
- 何度も練習し、高得点を目ざしましょう。
- 右のQRコードからダウンロードページへアクセスし、
  上記のアクセスコードを入力してください。
- アクセスコード入力時から15か月間ご利用になれます。
- 【推奨環境】スマートフォン、タブレット等(iOS11以上、Android8.0以上)

おん達
ダウンロード

※音声配信サービスおよび「おん達」は無料ですが、別途各通信会社の通信料がかかります。
※お客様のネット環境および端末によりご利用いただけない場合がございます。ご理解、ご了承いただきますよう、お願いいたします。

実力判定テスト

夏休みのテスト・冬休みのテスト・
学年末のテスト全3回分と、
単語リレー1回分がついています。

本番のテストに近いサイズ
でテスト対策！

CBT(Computer Based Testing)

◆CBTの使い方
❶BUNRI-CBT(https://b-cbt.bunri.jp)に
PC・タブレットでアクセス。
❷ログインして、4ページのアクセスコードを
入力。

WEB上のテストにちょうせん。
成績表で苦手チェック！

★ 英語音声の再生方法

● 英語音声があるものには ♪ a01 がついています。音声は以下の3つの方法で再生することができます。

①QRコードを読み取る：
　各単元の冒頭についている音声QRコードを読み取ってください。

②音声配信サービスonhaiから再生する：
　WEBサイト https://listening.bunri.co.jp/ へアクセスしてください。

③音声をダウンロードする：
　文理ホームページよりダウンロードも可能です。
　URL　https://portal.bunri.jp/b-desk/e3pnpf9a.html
　②・③では4ページのアクセスコードを入力してください。

A B C D E

F G H I J

K L M N

O P Q R

S T U V W

X Y Z

a b c d e

f g h i j

k l m n

o p q r

s t u v w

x y z

アルファベットを書こう

⭐ 読みながらなぞって、もう1回書きましょう。

※書き順はひとつの例です。

大文字

●…書き出し

がんばって！

8

形や大きさに注意して
書いてみよう！

小文字

a a

b b

c c

d d

e e

f f

g g

h h

i i

j j

k k

l l

m m

n n

o o

p p

q q

r r

s s

t t

u u

v v

w w

x x

y y

z z

Let's be friends. ①

基本のワーク

学習の目標・
教科名やスポーツ名を
英語で言えるようにな
りましょう。

◀)))音声

教科書 10 ～ 19 ページ

教科、スポーツを表すことばを覚えよう！

★ リズムに合わせて、声に出して言いましょう。　✓言えたらチェック □□□　♪a02

☐ **Japanese**

国語

☐ **English**

英語

☐ **math**

算数

☐ **science**

理科

☐ **P.E.**

体育

☐ **baseball**

野球

☐ **tennis**

テニス

☐ **badminton**

バドミントン

☐ **table tennis**

卓球

ワードボックス　　　♪a03

☐ subject(s)　教科	☐ social studies　社会科	☐ music　音楽
☐ home economics　家庭科	☐ arts and crafts　図画工作	☐ calligraphy　書写
☐ moral education　道徳	☐ sport(s)　スポーツ	☐ soccer　サッカー
☐ basketball　バスケットボール	☐ softball　ソフトボール	☐ volleyball　バレーボール
☐ swimming　水泳、泳ぐこと	☐ rugby　ラグビー	☐ marathon　マラソン

書いて練習のワーク

⭐ 読みながらなぞって、もう1〜2回書きましょう。

Japanese

国語

English

英語

math

算数

science

理科

P.E.

体育

baseball

野球

tennis

テニス

badminton

バドミントン

聞く
話す
読む
書く

table tennis

卓球

教科の「体育」は P.E. だね。この P.E. は physical education [フィズィカル エヂュケイション] を省略して簡単にした言い方だよ。physical は「身体の」、education は「教育」という意味を表すよ。

11

Lesson 1

Let's be friends. ②

基本のワーク

 音声

♪ a04　教科書 10～19ページ

勉強した日 月 日

学習の目標
好きなものを英語でたずねたり言ったりできるようになりましょう。

1 好きかどうかのたずね方と答え方

✓ 言えたらチェック □□□

Do you like baseball?
あなたは野球が好きですか。

Yes, I do.
はい、好きです。

❀「あなたは～が好きですか」は、**Do you like ～?** と言います。

❀「はい、好きです」は **Yes, I do.**、「いいえ、好きではありません」は **No, I don't.** と言います。

❀「私は～が好きです」は **I like ～.** と言います。

声に出して言ってみよう　□に入ることばを入れかえて言いましょう。

たずね方 **Do you like** baseball **?**

答え方 **Yes, I do.　I like** baseball **.**

- soccer
- music
- cats

表現べんり帳
相手にも同じ質問をするときは、**How about you?** [ハゥ アバゥト ユー]（あなたはどうですか）と言います。

2 好きなもののたずね方と答え方

✓ 言えたらチェック □□□

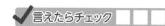

What subject do you like?
あなたは何の教科が好きですか。

dog　apple　book　egg

I like English.
私は英語が好きです。

❀「あなたは何の [どんな] ～が好きですか」は、**What ～ do you like?** と言います。

❀「～」には、**sport**(スポーツ)、**animal**(動物)、**food**(食べ物)など、種類を表すことばを入れます。

声に出して言ってみよう　□に入ることばを入れかえて言いましょう。

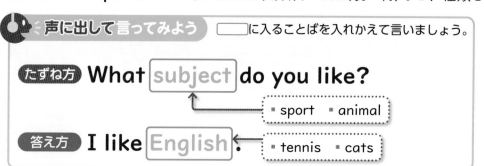

たずね方 **What** subject **do you like?**

- sport　- animal

答え方 **I like** English **.**

- tennis　- cats

ちょこっとプラス
その種類全体が好きだと言うときは、dogs や apples のように s のついた形（2つ以上のときの形＝複数形）を使います。スポーツ名や教科名はそのままの形を使います。

ステップアップ

What do you like?（あなたは何が好きですか）では、相手は何について好きと答えてよいのかわかりにくいので、具体的な種類をあげて **What ～ do you like?**（何の [どんな] ～が好きですか）の形でたずねます。

12

書いて練習のワーク

☆ 読みながらなぞって、もう1回書きましょう。

Do you like baseball?

あなたは野球が好きですか。

Yes, I do. I like baseball.

はい、好きです。私は野球が好きです。

What subject do you like?

あなたは何の教科が好きですか。

I like English.

私は英語が好きです。

What sport do you like?

あなたは何のスポーツが好きですか。

 英語の トビラ！ スポーツの名前の中には、日本語がそのまま英語になっているものがあるよ。
例 sumo（相撲）、karate（空手）、kendo（剣道）、judo（柔道）、aikido（合気道）

聞く
話す
読む
書く

Let's be friends. ③

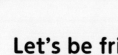

学習の目標・
動作を表すことば、校内の場所を英語で言えるようになりましょう。

🔊 音声

教科書 10〜19 ページ

動作、学校内の場所を表すことばを覚えよう！

⭐ リズムに合わせて、声に出して言いましょう。　✓ 言えたらチェック □□□　♪ a05

☐ **swim**
泳ぐ

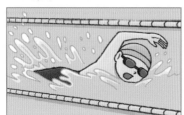

☐ **ski**
スキーをする

☐ **jump**
とぶ

☐ **dance**
踊る

☐ **run**
走る

☐ **cook**
料理をする

☐ **gym**　複gyms
体育館

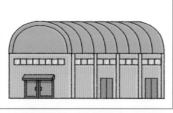

☐ **school ground**　複school grounds
校庭

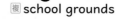

☐ **music room**　複music rooms
音楽室

ワードボックス
♪ a06

☐ play soccer　サッカーをする　　☐ play the piano　ピアノをひく　　☐ run fast　速く走る
☐ sing well　上手に歌う　　☐ draw well　上手に絵をかく　　☐ jump high　高くとぶ

発音コーチ

run と jump の u は、口をあまり開けずに、ややおくのほうで短く「ア」と発音します。fast の f は、下くちびるを上の歯で軽くかむようにして「フ」と発音します。日本語の「ふ」とは異なります。

複…2つ以上のときの形

書いて練習のワーク

⭐ 読みながらなぞって、何回か書きましょう。

swim

泳ぐ

ski

スキーをする

jump

とぶ

dance

踊る

run

走る

cook

料理をする

gym

体育館

school ground

校庭

music room

音楽室

聞く
話す
読む
書く

 英語の
トビラ dance は「踊る」という動作を表す意味のほかに、「踊り、ダンス」という意味でも使うよ。
また、「ダンスパーティー」のことも party〔パーティ〕をつけずに単に dance と言うこともあるよ。

Let's be friends. ④

学習の目標・
人のしょうかいや好き
な場所を英語で言える
ようになりましょう。

🔊音声

基本のワーク

♪a07 教科書 10〜19ページ

❶ 人をしょうかいするときの言い方

✓言えたらチェック ☐☐☐

This is Yuri.
こちらはユリです。

She can ski well.
彼女は上手にスキーをすることができます。

✿「こちらは〜です」と人をしょうかいするときは、**This is 〈人の名前〉.** と言います。

✿その人ができることは、**She[He] can 〜.**（彼女［彼］は〜することができます）と言います。
しょうかいする人が女性なら **She**、男性なら **He** を使います。

➕ちょこっとプラス
「私は〜が得意です」は
I'm good at 〜.、「私は
〜が苦手です」は I'm not
good at 〜. と言います。
例 I'm good at tennis.
（私はテニスが得意です）

🔊声に出して言ってみよう ☐に入ることばを入れかえて言いましょう。

This is Yuri.
She can ski well.

- play soccer　- swim well
- run fast

❷ お気に入りの場所の言い方

✓言えたらチェック ☐☐☐

My favorite place is
the school ground.
私のお気に入りの場所は校庭です。

I play baseball.
私は野球をします。

✿「私は〜（スポーツ）をします」は、**I play 〜.** と言います。

✿「私は〜（楽器）を演奏します」は、楽器の前に **the** をつけて、**I play the 〜.** と言います。

✿「私のお気に入りの場所は〜です」は、**My favorite place is 〜.** と言います。

📝表現べんり帳
自分の誕生日は、My
birthday is 〈月〉〈日〉. と
言います。〈日〉は順序を
表す言い方にします。
例 My birthday is May 20th.
（私の誕生日は5月20
日です）

🔊声に出して言ってみよう ☐に入ることばを入れかえて言いましょう。

I play baseball.
- badminton　- the guitar

My favorite place is the school ground.
- the gym　- the music room

ステップアップ This is 〜. は「こちらは〜です」と近くにいる人をしょうかいするときに使います。はなれた場所にいる人を
しょうかいするときは <u>That is 〜.</u>（あちらは〜です）を使います。

書いて練習のワーク

☆ 読みながらなぞって、もう1回書きましょう。

This is Yuri.

こちらはユリです。

She can ski well.

彼女は上手にスキーをすることができます。

I play baseball.

私は野球をします。

My favorite place is the gym.

私のお気に入りの場所は体育館です。

My favorite place is the music room.

私のお気に入りの場所は音楽室です。

聞く
話す
読む
書く

英語のトビラ 学校にある場所で、「職員室」は teachers' office、「校長室」は school principal's office、「保健室」は school nurse's office と言うよ。

Lesson 1

聞いて練習のワーク

できた数

／8問中

音声

教科書　10 〜 19 ページ　　答え　1ページ

1 音声を聞いて、それぞれの人が好きなものやできることを線で結びましょう。　♪ t01

(1)

Aya

(2)

Satoru

(3)

Kenta

(4)

Saki

2 音声を聞いて、絵の内容と合っていれば〇、合っていなければ×を（　）に書きましょう。

(1)

(2)　apple　　♪ t02

(　　　　）　　　　　　　　　　　　　（　　　　）

(3)

(4)

(　　　　）　　　　　　　　　　　　　（　　　　）

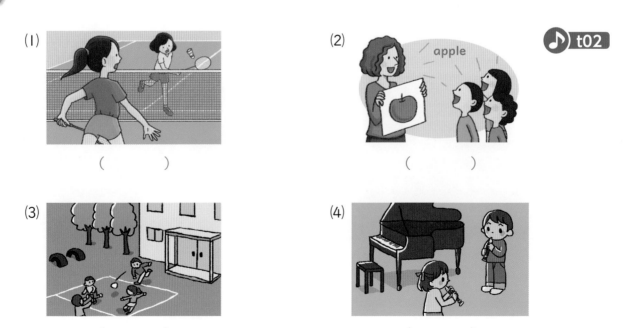

まとめのテスト

Let's be friends.

得点 /50点

時間 20分

教科書 10〜19ページ 　答え 1ページ

1 英語の意味を表す日本語を ⌐ ¬ から選んで、( ) に書きましょう。　　1つ5点〔20点〕

(1) English ( )

(2) math ( )

(3) table tennis ( )

(4) school ground ( )

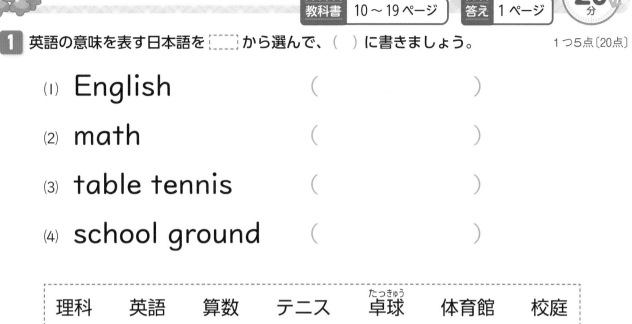

⌐ ¬
理科　　英語　　算数　　テニス　　卓球^{たっきゅう}　　体育館　　校庭
∟ 　　　　　　　　　　　　　　　　　　　　　　　　　　　　 ⌐

2 日本語の意味になるように ⌐ ¬ から英語を選んで、 ═ に書きましょう。　　1つ5点〔30点〕

(1) 私^{わたし}はギターをひくことができます。

I ＿＿＿＿＿＿ ＿＿＿＿＿＿ the guitar.

(2) 彼^{かれ}は高くとぶことができます。

He can ＿＿＿＿＿＿ ＿＿＿＿＿＿ .

(3) あなたは何の教科が好きですか。— 私は社会科が好きです。

What ＿＿＿＿＿ do you like?

— I like social ＿＿＿＿＿＿ .

⌐ ¬
studies　　play　　jump　　can　　high　　subject
∟ 　　　　　　　　　　　　　　　　　　　　　　　 ⌐

聞く 話す 読む 書く

リーディング レッスン

教科書 10〜19ページ 答え 2ページ

⭐ 次の英語の文章を3回読みましょう。

言えたらチェック

This is me!
Birthday: May 22nd

Mai

I like music.

I'm good at playing the piano.

My favorite place is the music room.

Thank you.

Question

文章の内容について、次の質問に答えましょう。

(1) マイ (Mai) の誕生日はいつですか。（　）に数字を書きましょう。

（　　　　　月　　　　　日）

(2) マイの「好きなもの」と「得意なこと」を、（　）に日本語で書きましょう。

① 好きなもの　　（　　　　　　　　　　　　　）
② 得意なこと　　（　　　　　　　　　　　　　）

(3) マイのお気に入りの場所を左ページで示された英語で＿＿に書きましょう。

◯ 英文をなぞって書きましょう。

I like music.

I'm good at playing the piano.

My favorite place is the

music room.

Thank you.

勉強した日 ▶　月　日

音声

My town is wonderful. ①

基本のワーク

教科書 20 ～ 29 ページ

施設・建物①を表すことばを覚えよう！

🔷 リズムに合わせて、声に出して言いましょう。　　✓言えたらチェック □□□□　　♪a08

☐ **town**　複 towns
町

☐ **park**　複 parks
公園

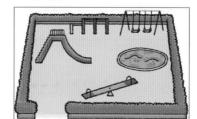

☐ **school**　複 schools
学校

☐ **library**　複 libraries
図書館、図書室

☐ **museum**　複 museums
博物館、美術館

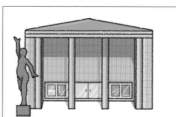

☐ **music hall**　複 music halls
音楽ホール

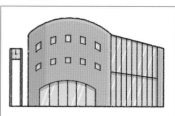

☐ **aquarium**　複 aquariums
水族館

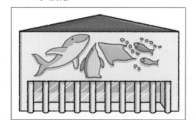

☐ **zoo**　複 zoos
動物園

☐ **amusement park**　複 amusement parks
遊園地

ワードボックス

♪a09

☐ cake shop(s)　ケーキ屋さん　　☐ flower shop(s)　生花店　　☐ convenience store(s)　コンビニエンスストア
☐ restaurant(s)　レストラン　　☐ picnic area(s)　ピクニック場　　☐ department store(s)　デパート

ことば解説

convenience store（コンビニエンスストア）の convenience は「便利なこと、便利なもの」という意味です。

複…２つ以上のときの形

  英語カード 92 ～ 109

書いて練習のワーク

⭐ 読みながらなぞって、何回か書きましょう。

town

町

park

公園

school

学校

library

図書館、図書室

museum

博物館、美術館

music hall

音楽ホール

aquarium

水族館

zoo

動物園

amusement park

遊園地

shop も store も「店」という意味だけど、アメリカではふつう store を使い、小さな専門店（せんもんてん）を shop と言うよ。一方、イギリスでは shop をよく使い、大きな店を store と言うんだ。

My town is wonderful. ②

学習の目標

町にある施設・建物や自然を英語で言えるようになりましょう。

 音声

基本のワーク

教科書 20 ～ 29 ページ

施設・建物②、自然を表すことばを覚えよう！

⭐ リズムに合わせて、声に出して言いましょう。　✔言えたらチェック ☐☐☐　♪a10

☐ **movie theater** 　複 movie theaters
えいがかん
映画館

☐ **post office** 　複 post offices
ゆうびんきょく
郵便局

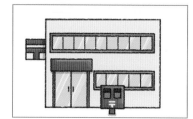

☐ **police station** 　複 police stations
けいさつしょ
警察署

☐ **castle** 　複 castles
城

☐ **bridge** 　複 bridges
橋

☐ **mountain** 　複 mountains
山

☐ **sea**
海

☐ **river** 　複 rivers
川

☐ **beach** 　複 beaches
はま　はま べ
浜、浜辺

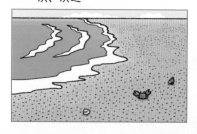

ワードボックス
♪a11

☐ enjoy shopping 　買い物を楽しむ　　☐ play with many friends 　たくさんの友達と遊ぶ

☐ listen to music 　音楽を聞く　　☐ see beautiful flowers 　美しい花を見る

発音コーチ

castle（城）の t の文字は発音しません。listen［リスン］（聞く）や Christmas［クリスマス］（クリスマス）の t も同じように発音しません。

複…２つ以上のときの形

英語カード 47 ～ 57

書いて練習のワーク

⭐ 読みながらなぞって、もう1～2回書きましょう。

movie theater

映画館

post office

郵便局

police station

警察署

castle | sea

城 海

bridge | river

橋 川

mountain

山

聞く
話す
読む
書く

beach

浜、浜辺

station には「駅」という意味のほかに、「～署、局」という意味があるよ。police station のほかにも、fire［ファイア］station（消防署）、TV［ティーヴィー］station（テレビ局）などのように使われるよ。

25

My town is wonderful. ③

基本のワーク

学習の目標・
町にあるものや、町で
できることを英語で言
えるようになりましょう。

🔊音声

♪a12　教科書 20〜29ページ

1 自分の町にあるもの、ほしいものの言い方

✓言えたらチェック □□□

We want a flower shop.
（私たちの町に）生花店がほしいです。

We have a cake shop.
（私たちの町には）ケーキ屋さんがあります。

✤ 自分の町の施設や建物について、「〜があります」は、**We have 〜.** と言います。

✤ 自分の町の施設や建物について、「〜がほしいです」は、**We want 〜.** と言います。

🔊 声に出して言ってみよう　□□に入ることばを入れかえて言いましょう。

We have a cake shop . ← ・a museum ・a mountain

We want a flower shop . ↑ ・a movie theater ・a river

➕ ちょこっとプラス

相手を歓迎して「〜へ
ようこそ」は、Welcome
to 〜. と言います。
例 Welcome to my town.
（私の町へようこそ）
Welcome to Japan.
（日本へようこそ）

2 自分の町でできることの言い方

✓言えたらチェック □□□

We can eat delicious cakes.
私たちはとてもおいしいケーキを食べることができます。

✤ 自分の町で「私たちは〜することができます」は、**We can 〜.** と言います。

✤ 「〜」には enjoy（楽しむ）、see（見る）など、動作を表すことばを入れます。

🔊 声に出して言ってみよう　□□に入ることばを入れかえて言いましょう。

We can eat delicious cakes .
↑ ・enjoy shopping ・see beautiful flowers
・listen to music

📝 表現べんり帳

動作を表す言い方
・enjoy fishing
（つりを楽しむ）
・buy cakes
（ケーキを買う）

ステップアップ　see は「見る、見える」という意味で、人やものが自然に目に入ってくるイメージです。watch は「（注意して）見る」という意味で、動きや変化などをじっと見つめるイメージです。「テレビやスポーツなどを見る」ときは watch を使います。

書いて練習のワーク

⭐ 読みながらなぞって、もう1回書きましょう。

We have a cake shop.

（私たちの町には）ケーキ屋さんがあります。

We have a museum.

（私たちの町には）博物館があります。

We want a flower shop.

（私たちの町に）生花店がほしいです。

We can eat delicious cakes.

私たちはとてもおいしいケーキを食べることができます。

We can enjoy shopping.

私たちは買い物を楽しむことができます。

聞く
話す
読む
書く

 「私たちの町には博物館と水族館があります」は、and を使って We have a museum <u>and</u> an aquarium. と言うよ。and は「〜と…」という意味で、ことばとことばを結ぶ働きをするんだ。

My town is wonderful. ④

学習の目標
お気に入りの場所を英語でたずねたり答えたりできるようになりましょう。

音声

♪ a13 　教科書 20〜29ページ

① お気に入りの場所のたずね方と答え方

✓言えたらチェック □□□

What is your favorite place?
あなたのお気に入りの場所はどこですか。

My favorite place is the sea.
私のお気に入りの場所は海です。

✽ お気に入りの場所、好きな場所をたずねるときは、**What is your favorite place?** と言います。

✽ 答えるときは、**My favorite place is 〜.** で、「〜」に自分のお気に入りの場所を入れます。

🔊 声に出して言ってみよう 　□に入ることばを入れかえて言いましょう。

たずね方 **What is your favorite place?**

答え方 **My favorite place is** the sea.

　　　・ the park 　・ the library 　・ the mountain

📝 表現べんり帳

「私たちの町でお気に入りの場所はどこ?」とたずねるときは、文の最後に in our town をつけます。
What is your favorite place in our town?

② その場所が好きな理由のたずね方と答え方

✓言えたらチェック □□□

We can enjoy fishing.
つりを楽しめるからです。

Why do you like it?
あなたはなぜそれが好きなのですか。

✽ 「あなたはなぜそれが好きなのですか」と理由をたずねるときは、**Why do you like it?** と言います。

✽ 「〜することができるからです」と答えるときは、**We can 〜.** と言います。

🔊 声に出して言ってみよう 　□に入ることばを入れかえて言いましょう。

たずね方 **Why do you like it?**

答え方 **We can** enjoy fishing.

　　　・ enjoy swimming 　・ play with many friends

➕ ちょこっとプラス

理由を答えるときに、because（なぜなら〜だから）を使うこともあります。
例 Because we can play baseball.（なぜなら野球ができるからです）

英語では1度出たことばをくり返さないで、それをさす代わりのことばを使うことがよくあります。
例 My favorite place is the sea. ― Why do you like it? ※この it は前の文の the sea をさしています。

書いて練習のワーク

⭐ 読みながらなぞって、もう1回書きましょう。

What is your favorite place?

あなたのお気に入りの場所はどこですか。

My favorite place is the sea.

私のお気に入りの場所は海です。

My favorite place is the park.

私のお気に入りの場所は公園です。

Why do you like it?

あなたはなぜそれが好きなのですか。

We can enjoy fishing.

つりを楽しめるからです。

聞く 話す 読む 書く

英語のトピラ！ favorite（お気に入りの）には「一番好き、大好き」という意味がふくまれているよ。
favorite sport は「一番好きなスポーツ」、favorite color は「一番好きな色」という意味だよ。

聞いて練習のワーク

できた数

／9問中

音声

教科書　20～29ページ　答え　2ページ

1 音声を聞いて、それぞれ英語に合うほうの絵を選んで、記号を○で囲みましょう。

♪ t03

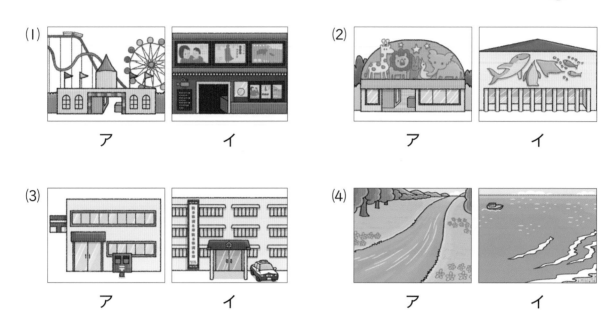

(1)　　　ア　　　　　イ

(2)　　　ア　　　　　イ

(3)　　　ア　　　　　イ

(4)　　　ア　　　　　イ

2 音声を聞いて、それぞれの人の「お気に入りの場所」とその「理由」を下から選んで、記号を
表の（　）に書きましょう。

♪ t04

	名　前	お気に入りの場所	理　由
(1)	Emi	グリーンホール	（　　　　　　　）
(2)	Taku	（　　　　　）	（　　　　　　　）
(3)	Yuki	（　　　　　）	（　　　　　　　）

● 「お気に入りの場所」

ア　デパート　　イ　川　　ウ　海　　エ　体育館　　オ　校庭

● 「理由」

ア　テニスを楽しむことができる　　イ　音楽を聞くことができる

ウ　ピアノをひくことができる　　エ　買い物を楽しむことができる

オ　卓球をすることができる

まとめのテスト

My town is wonderful.

得点

/50点

時間 20分

教科書 20〜29ページ 答え 3ページ

1 英語の意味を表す日本語を から選んで、（ ）に書きましょう。 1つ4点〔20点〕

(1) castle （　　　　　　　）

(2) bridge （　　　　　　　）

(3) mountain （　　　　　　　）

(4) town （　　　　　　　）

(5) beach （　　　　　　　）

町　　博物館　　公園　　城　　学校　　橋　　山　　浜辺(はまべ)

2 日本語の意味を表す英語の文を から選んで、 に書きましょう。 1つ10点〔30点〕

(1) （私(わたし)たちの町には）映画館(えいがかん)があります。

(2) （私たちの町に）図書館がほしいです。

(3) あなたはなぜそれが好きなのですか。

We want a library.
We have a movie theater.
What is your favorite place?
Why do you like it?

リーディング レッスン

教科書 20〜29 ページ　答え 3 ページ

次の英語の文章を3回読みましょう。

言えたらチェック

My Favorite Place

Bob

We have Flower Park.

We can play baseball.

Mai

We have a department store.

We can enjoy shopping.

Bob：ボブ（男の子の名前）　Flower Park：フラワーパーク（公園の名前）

できた数
　　　　/4問中

文章の内容について、次の質問に答えましょう。

(1) ボブ (Bob) の町にある公園の名前を英語で ── に書きましょう。

(2) ボブが町にある公園でできると言っていることを、（　）に日本語で書きましょう。

（　　　　　　　　　　　　　　　　）

(3) マイ (Mai) のお気に入りの場所について、内容と合う文になるように、（　）に日本語を書きましょう。

・マイの町には（　　　　　　　　　　　　　　）があります。

・マイたちは（　　　　　　　　　　　　　　）を楽しむことができます。

✿ 英文をなぞって書きましょう。

We have Flower Park.

We can play baseball.

We have a department store.

We can enjoy shopping.

聞く

話す

読む

書く

33

勉強した日 ▶ 　月　　日

Welcome to Japan. ①

基本のワーク

学習の目標・
日本の文化や季節の行事などを英語で言えるようになりましょう。

音声

教科書 30 〜 39 ページ

日本の文化、季節の行事などを表すことばを覚えよう！

⭐ リズムに合わせて、声に出して言いましょう。　✓ 言えたらチェック □□□　♪ a14

☐ **New Year's Day**

元日

☐ **Doll Festival**

ひな祭り

☐ **Star Festival**

たなばた
七夕

☐ **firework**　複 fireworks

花火

☐ **cherry blossoms**

桜の花

☐ **summer festival**　複 summer festivals

夏祭り

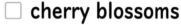

☐ **autumn leaves**

こうよう
紅葉

☐ **full moon**

満月

☐ **hot spring**　複 hot springs

おんせん
温泉

ワードボックス　♪ a15

☐ spring 春　　☐ summer 夏　　☐ autumn / fall 秋　　☐ winter 冬
☐ New Year's Eve 大みそか　　☐ Children's Day 子どもの日　　☐ Culture Day 文化の日

😊 発音コーチ

summer の u は口をあまり開けずに、ややおくのほうで短く「ア」、full の u はくちびるを少し丸くして短く「ウ」と発音します。autumn の au と fall の a は「オー」とのばして発音します。

複…2つ以上のときの形

書いて練習のワーク

⭐ 読みながらなぞって、もう１回書きましょう。

New Year's Day

元日

Doll Festival

ひな祭り

Star Festival

七夕

firework

花火

cherry blossoms

桜の花

summer festival

夏祭り

autumn leaves

紅葉

full moon

満月

聞く
話す
読む
書く

hot spring

温泉

 英語の
トビラ　海外の観光客からも注目が集まる日本の温泉。英語では hot spring だよ。この spring は「春」ではなく「泉」という意味だよ。温泉は「地中の湯が地上にわき出ている場所（泉）」ということだね。

Welcome to Japan. ②

基本のワーク

学習の目標・
好きな日本の文化について英語で話せるようになりましょう。

🔊音声

♪a16 教科書 30～39ページ

---

① 日本について好きなもののたずね方と答え方①

✔言えたらチェック ☐☐☐

I like fireworks.
私は花火が好きです。

What do you like about Japan?
あなたは日本の何が好きですか。

❇「あなたは日本の何が好きですか」は、**What do you like about Japan?** と言います。

❇答えるときは、**I like ～.** を使って、好きな日本の文化・行事・食べ物などを言います。

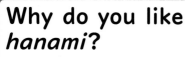 声に出して言ってみよう ☐に入ることばを入れかえて言いましょう。

たずね方 What do you like about Japan?

答え方 I like [fireworks].
・onsen ・sumo
・Japanese food

➕ちょこっとプラス
日本語に英語の説明をつける言い方もあります。
例 I like *sumo*, Japanese traditional wrestling.
（私は相撲、つまり日本の伝統的なレスリングが好きです）

---

② 日本について好きなもののたずね方と答え方②

✔言えたらチェック ☐☐☐

Why do you like *hanami*?
あなたはなぜ花見が好きなのですか。

I can see cherry blossoms.
桜の花を見ることができるからです。

❇「あなたはなぜ～が好きなのですか」とたずねるときは、**Why do you like ～?** と言います。

❇**I can ～.** や **I like ～.** を使って、できることや好きなことなどを理由として答えましょう。

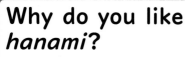 声に出して言ってみよう ☐に入ることばを入れかえて言いましょう。

たずね方 Why do you like [*hanami*]?
・*tsukimi*
・*origami*

答え方 I can [see cherry blossoms].
・eat *dango* ・make animals

📝表現べんり帳
「～することが好きだから」と答えることもできます。
例 I like eating *bento* in the park.
（私は公園で弁当を食べることが好きだからです）

 ステップアップ
「私は～したい［してみたい］です」は、I want to ～. と言います。
例 I want to see fireworks.（私は花火を見たいです）／ I want to eat *soba*.（私はそばを食べたいです）

書いて練習のワーク

⭐ 読みながらなぞって、もう1回書きましょう。

What do you like about Japan?

あなたは日本の何が好きですか。

I like fireworks.

私は花火が好きです。

I like Japanese food.

私は和食が好きです。

Why do you like hanami?

あなたはなぜ花見が好きなのですか。

I can see cherry blossoms.

桜の花を見ることができるからです。

聞く
話す
読む
書く

 英語のとびら 日本の食べ物には、そのまま海外で通じるものがたくさんあるよ。すし (sushi)、すきやき (sukiyaki)、ラーメン (ramen)、そば (soba)、とうふ (tofu)、納豆(なっとう) (natto)、みそ (miso) などはそのままで通じるよ。

37

聞いて練習のワーク

できた数

／8問中

音声

教科書　30～39ページ　答え　3ページ

1 音声を聞いて、英語に合う絵を下から選んで、記号を（　）に書きましょう。　♪t05

(1)（　　　　）　　(2)（　　　　）　　(3)（　　　　）　　(4)（　　　　）

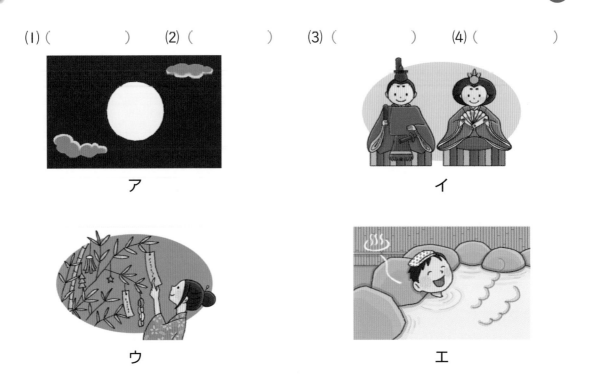

ア

イ

ウ

エ

2 音声を聞いて、それぞれの人の「日本について好きなもの」を下から選んで、記号を表の（　）に書きましょう。　♪t06

	名　前	日本について好きなもの
(1)	Ken	（　　　　　　）
(2)	Emi	（　　　　　　）
(3)	Satoru	（　　　　　　）
(4)	Yuki	（　　　　　　）

ア　月見　　イ　花火　　ウ　花見　　エ　紅葉（こうよう）

まとめのテスト

Welcome to Japan. 1

得点 /50点

時間 20分

教科書 30 〜 39 ページ 答え 4 ページ

1 日本語の意味を表す英語を ┆┈┈┆ から選んで、━━ に書きましょう。 1つ6点〔30点〕

(1) 冬

(2) 夏

(3) 春

(4) 祭り

(5) 元日

┌───┐
  spring New Year's Day winter festival summer
└───┘

2 日本語の意味を表す英語の文を ┆┈┈┆ から選んで、━━ に書きましょう。 1つ10点〔20点〕

(1) あなたは日本の何が好きですか。

(2) あなたはなぜ和食が好きなのですか。

┌───┐
  Why do you like Japanese food?
  What do you like about Japan?
  What is your favorite place?
└───┘

聞く
話す
読む
書く

39

勉強した日 ▶ 　月　　日

Welcome to Japan. ③

学習の目標
人やものの様子や状態、味を英語で言えるようになりましょう。

音声

基本のワーク

教科書 30〜39ページ

様子・状態、味を表すことばを覚えよう！

⭐ リズムに合わせて、声に出して言いましょう。　✔言えたらチェック □□□　♪a17

☐ **traditional**

伝統的な

☐ **beautiful**

美しい

☐ **cool**

かっこいい

☐ **fun**

楽しいこと

☐ **delicious**

とてもおいしい

☐ **sweet**

あまい

☐ **sour**

すっぱい

☐ **bitter**

苦い

☐ **salty**

塩からい

ワードボックス

♪a18

☐ **good** おいしい　　☐ **strong** 強い　　☐ **healthy** 健康的な　　☐ **colorful** 色あざやかな

☐ **try** ためす　　☐ **enjoy** 楽しむ　　☐ **visit** 訪問する　　☐ **want to〜** 〜したい

😀 発音コーチ

英語を発音するとき、強く読むところ（アクセント）はとても大切です。次のようにつづりが長いものは気をつけましょう。　例 **tra**ditional、de**li**cious　※赤字のところを強く読みます。

書いて練習のワーク

⭐ 読みながらなぞって、もう 1〜2 回書きましょう。

traditional

伝統的な

beautiful

美しい

cool

かっこいい

fun

楽しいこと

delicious

とてもおいしい

sweet

あまい

sour

すっぱい

bitter

苦い

salty

塩からい

 つけものなど、味が「塩からい」は salty と言うけれど、カレーなどの「（ひりひりと）からい」は hot と言うんだ。hot には、「（気候が）暑い」、「（ものの温度が）熱い」などの意味もあるよ。

41

Welcome to Japan. ④

基本のワーク

❶ 日本の文化をしょうかいする言い方①

✓言えたらチェック □□□

You can enjoy *hanami* in April.
4月には花見を楽しむことができます。

✿「…月には〜することができます」と、月ごとに日本の文化や行事などをしょうかいするときは、**You can 〜 in〈月の名前〉.** と言います。「〜」に、しょうかいすることがらを入れます。

🔊 **声に出して言ってみよう**　□に入ることばを入れかえて言いましょう。

You can enjoy *hanami* **in** April **.**
- September
- August
- see a beautiful moon
- go to summer festivals

💡思い出そう
「私たちは〜することができます」は、We can 〜. と言います。（26ページ）
例 We can enjoy *hanami* in April.

❷ 日本の文化をしょうかいする言い方②

✓言えたらチェック □□□

You can see autumn leaves.
紅葉を見ることができます。

They are beautiful.
それらは美しいです。

✿ しょうかいしたものについて、「それ（ら）は〜です」と説明や感想をつけ足すときは、**They are 〜.** や **It's 〜.** と言います。「〜」に、様子や状態を表すことばを入れます。

🔊 **声に出して言ってみよう**　□に入ることばを入れかえて言いましょう。

You can see autumn leaves **.**
They are beautiful **.**
- enjoy *bon-odori*
- eat *osechi*
- It's fun
- It's delicious

📝表現べんり帳
「とても〜」と意味を強める言い方
例 They are very beautiful.
（とてもきれいだよ）
It's really sweet.
（すごくあまいよ）

ステップアップ　「食べてみて！」「やってみて！」と、相手にすすめるときは Please try it! と言います。
例 *Watagashi* is sweet and delicious. Please try it!（綿菓子はあまくてとてもおいしいよ。食べてみて！）

勉強した日　月　日

読みながらなぞって、もう1～2回書きましょう。

You can enjoy hanami in April.

4月には花見を楽しむことができます。

You can go to summer festivals.

夏祭りに行くことができます。

You can see autumn leaves.

紅葉を見ることができます。

They are beautiful.

それらは美しいです。

It's fun.

それは楽しいです。

It's delicious.

それはとてもおいしいです。

聞く　話す　読む　書く

「秋」を表す英語には、autumn と fall があるよ。アメリカではふつう fall を使い、イギリスでは autumn を使うよ。月や曜日を英語で書くときは文中でも大文字で始めるけれど、季節の名前は小文字で始めるよ。

43

聞いて練習のワーク

できた数

／8問中

教科書 30 〜 39 ページ　　答え 4 ページ

1 アとイの音声を聞いて、絵の内容に合うほうの記号を○で囲みましょう。

♪ t07

(1)

ア　イ

(2)

ア　イ

(3)

ア　イ

(4)

ア　イ

2 音声を聞いて、英語に合う絵を下から選んで、記号を（　）に書きましょう。

♪ t08

(1)（　　　　）　(2)（　　　　）　(3)（　　　　）　(4)（　　　　）

ア

イ

ウ

エ

まとめのテスト

Welcome to Japan. 2

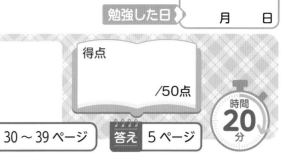

得点

/50点

時間 **20** 分

教科書 30〜39ページ | 答え 5ページ

1 日本語の意味を表す英語を ⌈____⌋ から選んで、◯◯◯ に書きましょう。　1つ6点〔30点〕

(1) とてもおいしい

(2) 伝統的な

(3) 美しい

(4) かっこいい

(5) 楽しいこと

⌈ traditional　cool　fun　beautiful　delicious ⌋

2 日本語の意味を表す英語の文を ⌈____⌋ から選んで、◯◯◯ に書きましょう。　1つ10点〔20点〕

(1) 7月には花火を楽しむことができます。

(2) 色あざやかな人形を見ることができます。

⌈
You can see the colorful dolls.
You can enjoy fireworks in July.
You can enjoy *hanami* in March.
⌋

聞く　話す　読む　書く

45

リーディング レッスン

教科書　30〜39ページ　　答え　5ページ

⭐ 次の英語の文章を3回読みましょう。　　　✔️言えたらチェック ☐ ☐ ☐

Welcome to Japan
Tsukimi

You can see the full moon in autumn.

You can eat delicious *dango*.

It's sweet.

Please try it!

try：ためす

Question

文章の内容について、次の質問に答えましょう。

(1) これは何をしょうかいする文章ですか。ア～エから１つ選んで、記号を○で囲みましょう。

    ア　日本の四季　　　　イ　日本の草花　　　　ウ　日本の月見　　　　エ　日本への旅行

(2) 左のページで日本でできるとしょうかいされていることを日本語で２つ、（ ）に書きましょう。

  ・秋には （　　　　　　　　　　　　　　　　　　　　　　） ことができる。

  ・（　　　　　　　　　　　　　　　　　　　　　　） ことができる。

(3) だんごについて書かれていることばを２つ、左のページで示された英語で �_____ に書きましょう。

、

✿ 英文をなぞって書きましょう。

Welcome to Japan

You can see the full moon

in autumn.

You can eat delicious dango.

It's sweet.

Please try it!

47

リーディング レッスン

教科書　40 ページ　答え　5 ページ

⭐ 次の英語の文章を3回読みましょう。　✓言えたらチェック ☐☐☐

A Great Idea!

：Let's go to the park on the island.

：Can I go?

：No, you can't. You can't swim!

(On the island)

：I'm sad. I miss Squirrel.

：Me, too.

：He can't swim....

：Can we help?

：I have a great idea!

(The next day)

：You can ride on my back.
　　Now, we are happy!

：Thank you.

great：すばらしい　idea：考え　island：島　miss：〜がいなくてさびしい
squirrel：リス　Me, too.：私もです。　the next day：次の日　ride：乗る　back：背(中)

文章の内容について、次の質問に答えましょう。

(1) 最初に島の公園に行ったとき、カメが I'm sad. と言ったのはなぜですか。ア〜エから１つ選んで、記号を〇で囲みましょう。

　　ア　公園がつまらなかったから。　　　　イ　リスが飛べなかったから。

　　ウ　リスが公園にいなかったから。　　　エ　白鳥が悲しそうだったから。

(2) カメの「すばらしい考え」とは何ですか。ア〜エから１つ選んで、記号を〇で囲みましょう。

　　ア　アヒルをカメの背中に乗せて運ぶ。　　イ　カメを白鳥の背中に乗せて運ぶ。

　　ウ　リスを白鳥の背中に乗せて運ぶ。　　　エ　リスをカメの背中に乗せて運ぶ。

(3) 内容に合っていれば〇、合っていなければ×を、（　）に書きましょう。

　　① リスは島の公園へ行きたくなかった。　　　（　　　　　）

　　② 最初の日、リスは島の公園へ行けなかった。　（　　　　　）

　　③ 次の日、みんなで公園へ行くことができた。　（　　　　　）

⭐ 英文をなぞって書きましょう。

Let's go to the park on

the island.

He can't swim.

Can we help?

I have a great idea!

聞く　話す　読む　書く

49

My Summer Vacation ①

基本のワーク

学習の目標
夏休みに行った場所やしたことを英語で言えるようになりましょう。

🔊音声

教科書 42～51ページ

場所、行動を表すことばを覚えよう！

⭐ リズムに合わせて、声に出して言いましょう。　✓言えたらチェック □□□　♪a20

☐ **mountain**
複 mountains
山

☐ **restaurant**
複 restaurants
レストラン
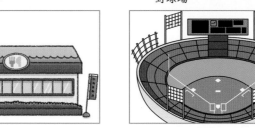

☐ **baseball stadium**
複 baseball stadiums
野球場

☐ **grandparents' house**
複 grandparents' houses
祖父母の家

☐ **zoo**　複 zoos
動物園

☐ **fishing**
つり

☐ **hiking**
ハイキング

☐ **shopping**
買い物

☐ **reading**
読書、読むこと

ワードボックス　♪a21

☐ movie theater(s) 映画館　　☐ soccer stadium(s) サッカー場　　☐ department store(s) デパート
☐ swimming pool(s) プール　　☐ swimming 水泳、泳ぐこと　　☐ summer vacation 夏休み
☐ fun 楽しいこと　　☐ nice よい　　☐ great すばらしい、すごい　　☐ exciting わくわくさせる

発音コーチ

baseball stadium（野球場）、soccer stadium（サッカー場）の stadium は、[ステイディアム] のように発音します。日本語の「スタジアム」にならないように、音声をよく聞いて練習しましょう。

複…2つ以上のときの形

書いて練習のワーク

⭐ 読みながらなぞって、もう1〜2回書きましょう。

mountain

山

restaurant

レストラン

baseball stadium

野球場

grandparents' house

祖父母の家

shopping

買い物

fishing　reading

つり　　読書、読むこと

聞く
話す
読む
書く

hiking　zoo

ハイキング　動物園

英語の
トビラ 「祖母、おばあちゃん」は grandmother［グラン（ドゥ）マザァ］または grandma［グラン（ドゥ）マー］、「祖父、おじいちゃん」は grandfather［グラン（ドゥ）ファーザァ］または grandpa［グラン（ドゥ）パー］と言うよ。

My Summer Vacation ②

学習の目標・
過去にしたことを英語で言えるようになりましょう。

🔊音声

基本のワーク

♪ a22 　📖教科書 42〜51 ページ

1 行った場所の言い方

✔言えたらチェック ☐☐☐

I went to a mountain.
私は山へ行きました。

✿行った場所について「私は〜へ行きました」は、I went to〈行った場所〉. と言います。

🔊声に出して言ってみよう　☐に入ることばを入れかえて言いましょう。

I went to a mountain .
- a zoo
- a baseball stadium
- my grandparents' house

📝表現べんり帳
「…といっしょに〜へ行った」は with …を使います。
例 I went to a park with Ken.（私はケンといっしょに公園へ行きました）

2 楽しんだことの言い方

✔言えたらチェック ☐☐☐

I enjoyed hiking.　It was fun.
私はハイキングを楽しみました。楽しかったです。

✿楽しんだことについて「私は〜を（して）楽しみました」は、I enjoyed 〜. と言います。
✿「楽しかったです」という感想は、It was fun. と言います。「よかった」なら good[nice]、「わくわくさせた」なら exciting、「おもしろかった」なら interesting を使います。

🔊声に出して言ってみよう　☐に入ることばを入れかえて言いましょう。

I enjoyed hiking .
- shopping　・ swimming

It was fun .
- nice　・ exciting

📝表現べんり帳
「私は夏休みに〜を（して）楽しんだ」は、
I enjoyed 〜 in my summer vacation. と言います。

ステップアップ　楽しんだ場所もつけ加えて言ってみましょう。　例　I enjoyed hiking on a mountain.（私は山でハイキングを楽しみました）/ I enjoyed shopping at a department store.（私はデパートで買い物を楽しみました）

書いて練習のワーク

⭐ 読みながらなぞって、もう1回書きましょう。

I went to a mountain.

私は山へ行きました。

I went to a zoo.

私は動物園へ行きました。

I enjoyed hiking.

私はハイキングを楽しみました。

It was fun.

楽しかったです。

It was nice.

よかったです。

It was exciting.

わくわくさせるものでした。

It was interesting.

おもしろかったです。

「休暇、休日」は vacation のほかに holiday［ハリデイ］とも言うよ。アメリカではおもに vacation を使うけれど、イギリスではふつう holiday を使うんだ。「祝日、祭日」にはアメリカでも holiday を使うよ。

My Summer Vacation ③

基本のワーク

学習の目標

食べ物などを表すことばを英語で言えるようになりましょう。

 音声

教科書 42 〜 51 ページ

食べ物などを表すことばを覚えよう！

⭐ リズムに合わせて、声に出して言いましょう。　✓言えたらチェック □□□　♪ a23

☐ **pizza**

ピザ

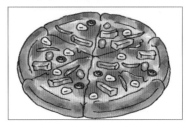

☐ **steak** 　⟨複⟩steaks

ステーキ

☐ **watermelon** 　⟨複⟩watermelons

スイカ

☐ **ice cream**

アイスクリーム

☐ **shaved ice**

かき氷

☐ **rice ball** 　⟨複⟩rice balls

おにぎり

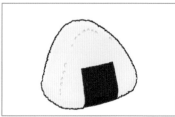

☐ **baseball game** 　⟨複⟩baseball games

野球の試合

☐ **soccer game** 　⟨複⟩soccer games

サッカーの試合

☐ **movie** 　⟨複⟩movies

映画

ワードボックス　♪ a24

☐ fresh　新鮮な　　☐ big　大きい　　☐ cute　かわいい　　☐ delicious　とてもおいしい

☐ cool　かっこいい、すてきな　☐ giraffe(s)　キリン　☐ elephant(s)　ゾウ　☐ panda(s)　パンダ

😃 発音コーチ

big、fishing、delicious の i は短く「イ」と発音しますが、ice、rice、exciting の i は「アイ」と発音します。
同じ文字でも発音がちがうので注意しましょう。

⟨複⟩…2つ以上のときの形

書いて練習のワーク

☆ 読みながらなぞって、もう1〜2回書きましょう。

pizza

ピザ

steak

ステーキ

watermelon

スイカ

ice cream

アイスクリーム

shaved ice

かき氷

rice ball

おにぎり

baseball game

野球の試合

soccer game

サッカーの試合

movie

映画

聞く
話す
読む
書く

 game は「試合、競技」という意味で、「野球の試合」は baseball game、「サッカーの試合」は soccer game と言うよ。でも、アメリカでは「テニスの試合」は tennis match［マッチ］と言うことが多いよ。

学習の目標・

食べたもの、したこと、感想などを英語で言えるようになりましょう。

🔊 音声

My Summer Vacation ④

基本のワーク

♪ a25　教科書 42〜51 ページ

1　食べたものの言い方

✓言えたらチェック ☐☐☐

> **I ate a rice ball.**
> 私はおにぎりを食べました。
> **It was delicious.**
> とてもおいしかったです。

✿「私は〜を食べました」は、**I ate〈食べたもの〉.** と言います。

✿「とてもおいしかったです」という感想は、**It was delicious.** と言います。

🔊〈声に出して 言ってみよう〉　　☐に入ることばを入れかえて言いましょう。

I ate a rice ball **. It was delicious.**

↑
- watermelon ・ shaved ice ・ pizza

📝表現べんり帳

・「家族と〜を食べた」
→ ate 〜 with my family
・「友達と〜を食べた」
→ ate 〜 with my friends
・「レストランで〜を食べた」
→ ate 〜 at a restaurant

2　したことのたずね方と答え方

✓言えたらチェック ☐☐☐

> **I saw a movie.**
> 私は映画を見ました。

> **What did you do in your summer vacation?**
> あなたは夏休みに何をしましたか。

✿夏休みにしたことをたずねるときは、**What did you do in your summer vacation?** と言います。

✿答えるときは、**I saw 〜.**（〜を見た）、**I went to 〜.**（〜へ行った）など、したことを言います。

🔊〈声に出して 言ってみよう〉　　☐に入ることばを入れかえて言いましょう。

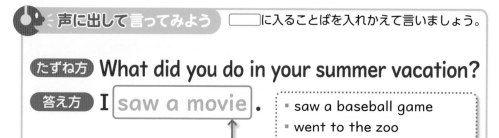

たずね方 **What did you do in your summer vacation?**

答え方 **I** saw a movie **.**
- saw a baseball game
- went to the zoo
- enjoyed a summer festival

➕ちょこっとプラス

過去のことを言うときは、went、saw、ate などの過去の動作を表すことばを使います。was も「〜だった」の意味で過去を表します。過去を表すことばを過去形といいます。

ステップアップ　食べたものをたずねるときは、What did you eat at the restaurant?（レストランで何を食べましたか）、見たものをたずねるときは、What did you see at the zoo?（動物園で何を見ましたか）のように言います。

書いて練習のワーク

☆ 読みながらなぞって、もう1回書きましょう。

I ate a rice ball.

私はおにぎりを食べました。

I ate pizza.

私はピザを食べました。

It was delicious.

とてもおいしかったです。

What did you do in your
summer vacation?

あなたは夏休みに何をしましたか。

I saw a movie.

私は映画を見ました。

聞く
話す
読む
書く

I went to the zoo.

私は動物園に行きました。

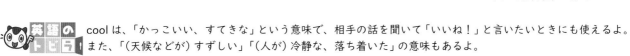
cool は、「かっこいい、すてきな」という意味で、相手の話を聞いて「いいね！」と言いたいときにも使えるよ。
また、「(天候などが) すずしい」「(人が) 冷静な、落ち着いた」の意味もあるよ。

Lesson 4

聞いて練習のワーク

でき た数

／8問中

音声

教科書　42〜51 ページ　　答え　6 ページ

1 音声を聞いて、絵の内容と合っていれば○、合っていなければ×を（　）に書きましょう。

♪ t09

(1)

（　　　　）

(2)

（　　　　）

(3)

（　　　　）

(4)

（　　　　）

2 音声を聞いて、それぞれの人が夏休みにしたことを線で結びましょう。

♪ t10

(1)
Saki

・

・

(2)
Kenta

・

・

(3)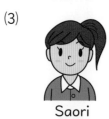
Saori

・

・

(4)
Satoru

・

・

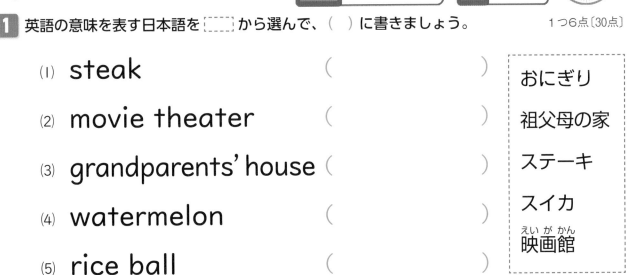

My Summer Vacation

勉強した日》　月　日

得点　　　/50点

教科書　42〜51ページ　　答え　6ページ

時間 20分

1 英語の意味を表す日本語を ⌐¬ から選んで、（ ）に書きましょう。　1つ6点〔30点〕

(1) steak 　　　　　　　　（　　　　　　）

(2) movie theater 　　　（　　　　　　）

(3) grandparents' house （　　　　　　）

(4) watermelon 　　　　（　　　　　　）

(5) rice ball 　　　　　　（　　　　　　）

┌─────────┐
│ おにぎり │
│ 祖父母の家 │
│ ステーキ │
│ スイカ │
│ えいがかん
│ 映画館 │
└─────────┘

2 日本語の意味になるように ⌐¬ から英語を選んで、▭ に書きましょう。　1つ5点〔20点〕

(1) 私（わたし）は山に行きました。

I ▭ to a mountain.

(2) 私はピザを食べました。

I ▭ pizza.

(3) 私は川でつりを楽しみました。

I ▭ fishing in the river.

(4) 私は動物園でキリンを見ました。

I ▭ a giraffe at a zoo.

┌─────────────────────────────────┐
│ enjoyed　　ate　　saw　　went │
└─────────────────────────────────┘

59

リーディング レッスン

教科書 42〜51 ページ　答え 6 ページ

★ 次の英語の文章を3回読みましょう。

言えたらチェック □ □ □

My Summer Vacation
Date： July 27th

I enjoyed the summer festival.

I ate *yakisoba*.

I saw *bon-odori*.

It was great.

date：日、日付　　*yakisoba*：焼きそば　　*bon-odori*：ぼん踊り

文章の内容について、次の質問に答えましょう。

(1) 左のページの文章は絵日記です。書いた日付はいつですか。（　）に数字を書きましょう。

（　　　　　月　　　　　　日）

(2) 内容に合うように、（　）に日本語を書きましょう。

① 楽しんだこと　　（　　　　　　　　　　　　　　　）
② 食べたもの　　　（　　　　　　　　　　　　　　　）
③ 見たもの　　　　（　　　　　　　　　　　　　　　）

(3) その日の感想を述べている文を、左のページで示された英語で＿＿に書きましょう。

⭐ 英文をなぞって書きましょう。

I enjoyed the summer festival.

I ate yakisoba.

I saw bon-odori.

It was great.

Dream World Tour ①

基本のワーク

学習の目標
国や名所の名前を英語で言えるようになりましょう。

 音声

教科書 52〜65 ページ

国①、名所を表すことばを覚えよう！

⭐ リズムに合わせて、声に出して言いましょう。　✔言えたらチェック □□□　♪a26

□ **country**
　　　　　　複 countries
国

□ **America**
アメリカ

□ **Australia**
オーストラリア

□ **Brazil**
ブラジル

□ **Canada**
カナダ

□ **China**
中国

□ **Egypt**
エジプト

□ **Finland**
フィンランド
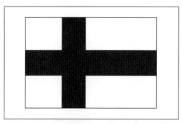

□ **France**
フランス

ワードボックス
♪a27

□ the Statue of Liberty　自由の女神像　　□ the Opera House　オペラハウス
□ the Great Wall　万里の長城　　□ the Pyramids　ピラミッド　　□ the Eiffel Tower　エッフェル塔

発音コーチ

country の ou は口をあまり開けずに、ややおくのほうで短く「ア」と発音します。mountain の ou は「アウ」と発音します。同じ文字で発音がちがうものに注意しましょう。

複…2つ以上のときの形

月　日

書いて練習のワーク

☆ 読みながらなぞって、もう1〜2回書きましょう。

country

国

America

アメリカ

Australia

オーストラリア

Brazil

ブラジル

Canada

カナダ

China

中国

Egypt

エジプト

Finland

フィンランド

France

フランス

🎧 聞く
🎤 話す
📖 読む
✏️ 書く

 オーストラリアには1987年に世界遺産に登録されたウルル（Uluru）とよばれる世界最大級の一枚岩があるよ。ウルルはエアーズロック（Ayers Rock）という名前でも知られているよ。

63

Dream World Tour ②

基本のワーク

学習の目標・
国や名所の名前を英語で言えるようになりましょう。

🔊音声

教科書 52〜65ページ

国②、名所を表すことばを覚えよう！

⭐ リズムに合わせて、声に出して言いましょう。　✔言えたらチェック □□□　🎵a28

☐ **Germany**
ドイツ
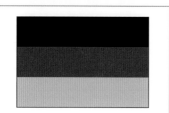

☐ **India**
インド
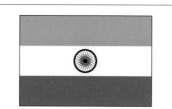

☐ **Italy**
イタリア

☐ **Kenya**
ケニア
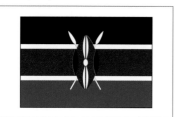

☐ **New Zealand**
ニュージーランド

☐ **Thailand**
タイ

☐ **the UK**
イギリス

☐ **Singapore**
シンガポール

☐ **Spain**
スペイン

ワードボックス　🎵a29

☐ the Taj Mahal　タージマハル　　☐ the Sagrada Familia　サグラダファミリア
☐ the Merlion　マーライオン　　☐ carnival　カーニバル　　☐ sausage(s)　ソーセージ

ことば解説

the UK は正式名 the United Kingdom を省略した言い方です。イギリスは、イングランド、ウェールズ、スコットランド、北アイルランドの 4 つの地域が集まって 1 つの国家を形成しています。

書いて練習のワーク

⭐ 読みながらなぞって、もう1～2回書きましょう。

Germany

ドイツ

India

インド

Italy

イタリア

Kenya

ケニア

New Zealand

ニュージーランド

Thailand

タイ

the UK

イギリス

Singapore

シンガポール

Spain

スペイン

🎧 聞く
🎤 話す
📖 読む
✏️ 書く

 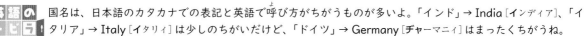

国名は、日本語のカタカナでの表記と英語で呼び方がちがうものが多いよ。「インド」→ India［インディア］、「イタリア」→ Italy［イタリィ］は少しのちがいだけど、「ドイツ」→ Germany［ヂャーマニィ］はまったくちがうね。

65

Dream World Tour ③

基本のワーク

1 行きたい国のたずね方と答え方

✓言えたらチェック ☐☐☐

Where do you want to go?
あなたはどこへ行きたいですか。

I want to go to Spain.
私はスペインへ行きたいです。

❀ 行きたい国をたずねるときは、**Where do you want to go?**（あなたはどこへ行きたいですか）と言います。

❀ 答えるときは、**I want to go to 〈国の名前〉.** と言います。

🎧 声に出して言ってみよう　☐に入ることばを入れかえて言いましょう。

たずね方 **Where do you want to go?**

答え方 **I want to go to** Spain**.**

・America　・Thailand　・Singapore

💡 くらべよう
want は「〜がほしい」という意味です。しかし、want のあとに「〜すること」を表す〈to ＋動作を表すことば〉がくると、「〜したい」という願望を表します。

2 行きたい理由のたずね方と答え方

✓言えたらチェック ☐☐☐

Why?
なぜですか。

I want to see the Sagrada Familia.
私はサグラダファミリアを見たいからです。

❀「なぜ（その国へ行きたいの）ですか」と理由をたずねるときは、**Why?** と言います。

❀ 答えるときは、**I want to 〈動作を表すことば〉.** の形を使って「したいこと」を言います。

🎧 声に出して言ってみよう　☐に入ることばを入れかえて言いましょう。

たずね方 **Why?**

答え方 **I want to** see the Sagrada Familia**.**

・study English　・eat Thai curry　・see the Merlion

💡 思い出そう
because（〜だから）の使い方（28ページ）
例 Because I want to see the Statue of Liberty.
（私は自由の女神像を見たいからです）

 旅行案内所や店などで、スタッフが「いらっしゃいませ、お手伝いしましょうか」のようにお客さんに声をかけるときは、May I help you?［メイ アイ ヘルプ ユー］と言います。

書いて練習のワーク

⭐ 読みながらなぞって、もう1～2回書きましょう。

Where do you want to go?

あなたはどこへ行きたいですか。

I want to go to Spain.

私はスペインへ行きたいです。

Why?

なぜですか。

I want to see the Sagrada Familia.

私はサグラダファミリアを見たいからです。

I want to study English.

私は英語を勉強したいからです。

聞く
話す
読む
書く

 サグラダファミリアはスペインのバルセロナにある教会で、世界遺産(いさん)だよ。建築家ガウディの代表作の1つで、工事を始めてから140年以上たった今でも建築中(2026年完成予定)という建物なんだ。

Lesson 5

聞いて練習のワーク

できた数
　　　／10問中

音声

教科書　52〜65ページ　答え　7ページ

1 音声を聞いて、英語に合う国旗を下から選んで、記号を（　）に書きましょう。　　♪ t11

(1) (　　　　　)　　(2) (　　　　　)　　(3) (　　　　　)　　(4) (　　　　　)

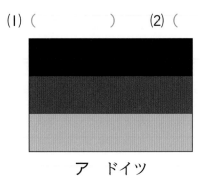
ア　ドイツ

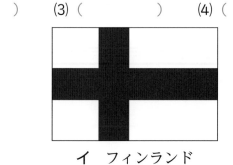
イ　フィンランド

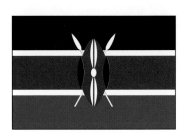
ウ　ケニア

エ　オーストラリア

2 音声を聞いて、それぞれの人が「行きたい国」とその「理由」を下から選んで、記号を表の（　）に書きましょう。　　♪ t12

	名　前	行きたい国	理　　由
(1)	Yuki	(　　　　)	(　　　　)
(2)	Ken	(　　　　)	(　　　　)
(3)	Emi	(　　　　)	(　　　　)

● 「行きたい国」

　ア　タイ　　イ　中国　　ウ　フランス　　エ　ニュージーランド

● 「理由」

　ア　エッフェル塔を見たい　　イ　万里の長城を見たい
　ウ　英語で人と話したい　　エ　中華料理を食べたい

まとめのテスト
Dream World Tour

得点

/50点

時間 20分

教科書 52 〜 65 ページ　答え 7 ページ

1 日本語の意味になるように　　から英語を選んで、　　に書きましょう。　　1つ10点〔30点〕

(1) 私はカナダに行きたいです。

I want ＿＿＿＿＿＿ Canada.

(2) 私はピラミッドを見たいです。

I want ＿＿＿＿＿＿ the Pyramids.

(3) 私はソーセージを食べてみたいです。

I want ＿＿＿＿＿＿ sausages.

```
to try      to see      to go to
```

2 質問に合う答えの英語の文を　　から選んで、　　に書きましょう。　　1つ10点〔20点〕

(1) Where do you want to go?

＿＿＿＿＿＿＿＿＿＿＿＿＿＿＿＿＿

(2) 〔(1)の文に続けて〕 Why?

＿＿＿＿＿＿＿＿＿＿＿＿＿＿＿＿＿

```
I want to see the Taj Mahal.
I want to go to India.
```

69

リーディング レッスン

教科書 52〜65 ページ 答え 7 ページ

⭐ 次の英語の文章を3回読みましょう。

✓ 言えたらチェック ☐ ☐ ☐

▼国名

France

▼国旗

You can see the Eiffel Tower.

It's beautiful.

You can eat French bread.

It's delicious.

Eiffel Tower：エッフェル塔　French bread：フランスパン

文章の内容について、次の質問に答えましょう。

(1) 左のページの文章は行きたい国をしょうかいする旅行案内です。行きたい国としてしょうかいしている国を英語で ____ に書きましょう。

(2) 行きたい国としてしょうかいしている国でできると言っていることを日本語で2つ、（　）に書きましょう。

・（　　　　　　　　　　　　　　　　　　　　　）ことができる。

・（　　　　　　　　　　　　　　　　　　　　　）ことができる。

(3) 内容に合っていれば〇、合っていなければ×を、（　）に書きましょう。

① しょうかいしている国は大きな国だと述べている。　　（　　　　）

② しょうかいしている食べ物はおいしいと述べている。　（　　　　）

⭐ 英文をなぞって書きましょう。

You can see the Eiffel Tower.

It's beautiful.

You can eat French bread.

It's delicious.

教科書 66〜69ページ　答え 8ページ

⭐ 次の英語の文章を3回読みましょう。

✔️言えたらチェック ☐☐☐

The Letter

Frog："Toad, let's wait for a letter together!"

Toad："Why?"

Frog："I wrote a letter to you."

Toad："Really?"

Toad and Frog sat together.

Toad was happy.　Frog was happy, too.

After four days, Snail came to Toad's house.

Toad was very happy.

Frog was very happy, too.

letter：手紙　　Frog：かえるくん　　wait for 〜：〜を待つ　　together：いっしょに　　Toad：がまくん
wrote a letter to you：あなたに手紙を書いた　　Really?：本当に？　　sat：すわった
after 〜 days：〜日後に　　Snail：かたつむりくん　　came to 〜：〜にやって来た

Question ·······

文章の内容について、次の質問に答えましょう。

(1) がまくんとかえるくんがいっしょに待っていたものは何ですか。日本語で（ ）に書きましょう。

（　　　　　　　　　　　　）

(2) 内容に合っていれば〇、合っていなければ×を、（ ）に書きましょう。

① がまくんはかえるくんに手紙を書いた。　　　　　　（　　　　　）

② がまくんは、かえるくんとすわっているとき幸せだった。　（　　　　　）

③ かえるくんは、がまくんとすわっているとき不安だった。　（　　　　　）

④ かたつむりくんは、がまくんの家に来るのに４日かかった。（　　　　　）

(3) かたつむりくんが来たときのがまくんの気持ちを表すことばを、左ページで示された英語2語で＿＿に書きましょう。

✿ 英文をなぞって書きましょう。

Let's wait for a letter.

I wrote a letter to you.

Toad and Frog sat together.

Frog was happy, too.

Snail came to Toad's house.

73

My Best Memory ①

基本のワーク

学校行事①を表すことばを覚えよう！

⭐ リズムに合わせて、声に出して言いましょう。　　✓言えたらチェック ☐☐☐　🎵 a31

☐ **music festival**

音楽会

☐ **school play**

学芸会

☐ **sports day**

運動会

☐ **swimming meet**

水泳大会

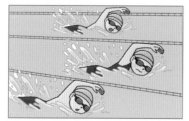

☐ **marathon**

マラソン大会

☐ **school trip**

修学旅行

☐ **field trip**

遠足

☐ **entrance ceremony**　入学式

☐ **graduation ceremony**　卒業式

Word ワードボックス　🎵 a32

☐ saw　見た　　☐ enjoyed　楽しんだ　　☐ went to ～　～に行った　　☐ delicious　とてもおいしい
☐ won the gold medal　金メダルをとった　　☐ exciting　わくわくさせる

ことば解説

「金メダル」は gold［ゴウルド］medal、「銀メダル」は silver［スィルヴァ］medal、「銅メダル」は bronze［ブランズ］medal と言います。コンテストなどで「優勝した」は won (the) first prize［プライズ］と言います。

書いて練習のワーク

⭐ 読みながらなぞって書きましょう。

music festival

音楽会

school play

学芸会

sports day

運動会

swimming meet

水泳大会

marathon

マラソン大会

school trip

修学旅行

field trip

遠足

entrance ceremony

入学式

graduation ceremony

卒業式

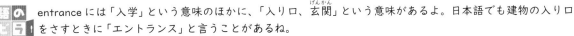

entrance には「入学」という意味のほかに、「入り口、玄関」という意味があるよ。日本語でも建物の入り口をさすときに「エントランス」と言うことがあるね。

聞く
話す
読む
書く

Lesson 6

My Best Memory ②

基本のワーク

学習の目標・
学校の思い出を英語で言ったりたずねたりできるようになりましょう。

音声

♪a33　教科書 70〜77ページ

1 一番の思い出の言い方　☑言えたらチェック □□□

> My best memory is the sports day.
> 私の一番の思い出は運動会です。

❋「私の一番の思い出は〜です」は、**My best memory is 〜.** と言います。
❋「〜」に、〈**the ＋ 行事を表すことば**〉を入れます。

🔊 声に出して言ってみよう　□に入ることばを入れかえて言いましょう。

My best memory is | the sports day |.

・the music festival　・the swimming meet　・the field trip

📝 表現べんり帳
行事があった月を加えて言うこともできます。
例 My best memory is the field trip in May.
（私の一番の思い出は5月の遠足です）

2 一番の思い出のたずね方と答え方　☑言えたらチェック □□□

What's your best memory?
あなたの一番の思い出は何ですか。

My best memory is the school trip.
私の一番の思い出は修学旅行です。

❋一番の思い出は何かをたずねるときは、**What's your best memory?** と言います。
❋答えるときは、❶の **My best memory is 〜.** を使います。

🔊 声に出して言ってみよう　□に入ることばを入れかえて言いましょう。

たずね方 What's your best memory?
答え方 My best memory is | the school trip |.

・the school play　・the marathon　・the entrance ceremony

💡 思い出そう
「あなたのお気に入りの〜は何ですか」は What is your favorite 〜? と言います。（28ページ）
例 What is your favorite subject?（あなたのお気に入りの教科は何ですか）

ステップアップ We have 〜.（（私たちには）〜があります）を使って、すでに決まっている行事を表すことができます。
例 We have a graduation ceremony next month.（来月、卒業式があります）

書いて練習のワーク

★ 読みながらなぞって、もう1回書きましょう。

My best memory is the sports
day.

私の一番の思い出は運動会です。

What's your best memory?

あなたの一番の思い出は何ですか。

My best memory is the school trip.

私の一番の思い出は修学旅行です。

My best memory is the marathon.

聞く
話す
読む
書く

私の一番の思い出はマラソン大会です。

英語の
トビラ 「旅行」を表す英語には、trip 以外に travel［トゥラヴ（ェ）ル］や tour［トゥア］もあるよ。一般的に「旅行」と言うときは travel を使うよ。trip は比較的短い旅行、tour は数か所の場所を訪れる旅行をさすんだ。

学習の目標・
学校行事でしたことや
その感想を英語で言え
るようになりましょう。

音声

My Best Memory ③

基本のワーク

♪ a34　教科書 70〜77 ページ

1 楽しんだことの言い方

✓ 言えたらチェック ☐☐☐

I enjoyed singing with my friends.
私は友達といっしょに歌うことを楽しみました。

✿「私は〜を楽しみました」は、**I enjoyed〈楽しんだこと〉.** と言います。

声に出して言ってみよう　☐に入ることばを入れかえて言いましょう。

I enjoyed singing with my friends **.**

■ running with my friends　■ seeing Tokyo Tower

表現べんり帳
「〜を楽しんだ」の言い方
・enjoyed the trip
　旅行を楽しんだ
・enjoyed playing
　tennis
　テニスをして楽しんだ

2 したこととそれに対する感想の言い方

✓ 言えたらチェック ☐☐☐

We saw Kinkakuji.
私たちは金閣寺を見ました。

It was beautiful.
それは美しかったです。

✿過去にしたことを言うときは、**saw**（見た）、**went**（行った）、**ate**（食べた）など、過去の動作を
　表すことばを使います。「私たちは〜しました」と言うときは、主語は **we** を使います。

✿「それは〜でした」という感想は、**It was 〜.** と言います。「〜」には感想を表すことばを入れます。

声に出して言ってみよう　☐に入ることばを入れかえて言いましょう。

We saw Kinkakuji **. It was** beautiful **.**

■ went to Kyoto
■ ate Chinese food

■ exciting
■ delicious

表現べんり帳
「(それは)とても楽し
かった」の言い方
・It was a lot of fun.
・I had a very good
　time.
・I really enjoyed it.

ステップ
アップ
「動作を表すことば」と「過去の動作を表すことば」は、いっしょに覚えましょう。
・see（見る）-saw（見た）・go（行く）-went（行った）・eat（食べる）-ate（食べた）・make（つくる）-made（つくった）

書いて練習のワーク

☆ 読みながらなぞって、もう1回書きましょう。

I enjoyed singing with
my friends.

私は友達といっしょに歌うことを楽しみました。

We saw Kinkakuji.

私たちは金閣寺を見ました。

It was beautiful.

それは美しかったです。

We went to Kyoto.

🎧 聞く
🎤 話す
📖 読む
✏️ 書く

私たちは京都に行きました。

 英語の トビラ! 山の名前は、英語では前に Mt. または Mount をつけるんだ。Mt. は Mount を短くした形で、発音はどちら
も [マウント]。「富士山 (ふじさん)」は Mt. Fuji、「エベレスト山」は Mt. Everest [エヴェレスト] と言うよ。

Lesson 6

聞いて練習のワーク

教科書 70～77 ページ　答え 8 ページ

勉強した日　月　日

できた数　／8問中

1 音声を聞いて、絵の内容と合っていれば○、合っていなければ×を（　）に書きましょう。

♪ t13

(1)

（　　　　　）

(2)

（　　　　　）

(3)

（　　　　　）

(4)

（　　　　　）

2 音声を聞いて、英語に合う絵を下から選んで、記号を（　）に書きましょう。

♪ t14

(1)（　　　　　）　　(2)（　　　　　）　　(3)（　　　　　）　　(4)（　　　　　）

ア

イ

ウ

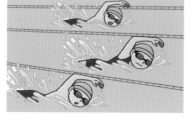
エ

まとめのテスト

My Best Memory

得点

/50点

時間 **20** 分

教科書 70〜77 ページ　　答え 9 ページ

---

1 日本語の意味になるように ⌇⌇⌇ から英語を選んで、___ に書きましょう。　　1つ5点〔20点〕

(1) 遠足　　_____　trip

(2) 修学旅行　_____　trip

(3) 運動会　_____　day

(4) 音楽会　_____　festival

⌇ music　　ceremony　　field　　school　　sports ⌇

---

2 日本語の意味を表す英語の文を ⌇⌇⌇ から選んで、___ に書きましょう。　　1つ10点〔30点〕

(1) 私(わたし)の一番の思い出はマラソン大会です。

_____

(2) 私は歌うことを楽しみました。

_____

(3) 私たちはパンダを見ました。

_____

⌇ We saw a panda.
I enjoyed singing. / We ate ice cream.
My best memory is the marathon. ⌇

聞く　話す　読む　書く

リーディング レッスン

教科書 70〜77 ページ　答え 9 ページ

 次の英語の文章を3回読みましょう。

✔言えたらチェック □□□

My Best Memory

My best memory is the school trip.

We went to Yokohama.

We ate Chinese food.

It was delicious.

Yokohama：横浜　　Chinese food：中華料理

82

Question

文章の内容について、次の質問に答えましょう。

(1) 一番思い出に残っている学校行事を**ア**～**ウ**から選んで、記号を○で囲みましょう。

    ア 運動会　　　**イ** 学芸会　　　**ウ** 修学旅行

(2) 内容に合うように、( )に日本語を書きましょう。

    ① 行った場所　　　　　　(　　　　　　　　　　　　　　　)

    ② その場所でしたこと　(　　　　　　　　　　　　　　　)

    ③ したことの感想　　　(　　　　　　　　　　　　　　　)

⭐ 英文をなぞって書きましょう。

My best memory is the
school trip.
We went to Yokohama.
We ate Chinese food.
It was delicious.

What do you want to be? ①

学習の目標
職業を表すことばを英語で言えるようになりましょう。

音声

基本のワーク

教科書 78〜87 ページ

職業を表すことばを覚えよう！

♪ リズムに合わせて、声に出して言いましょう。 言えたらチェック □□□ ♪a35

☐ **comedian** 複comedians
お笑い芸人

☐ **singer** 複singers
歌手

☐ **doctor** 複doctors
医者

☐ **vet** 複vets
獣医（じゅうい）

☐ **teacher** 複teachers
先生

☐ **scientist** 複scientists
科学者

☐ **pastry chef** 複pastry chefs
パティシエ、洋菓子職人（ようがし）

☐ **carpenter** 複carpenters
大工

☐ **police officer** 複police officers
警察官（けいさつかん）

ワードボックス ♪a36

☐ artist(s) 芸術家
☐ florist(s) 生花店の店員
☐ flight attendant(s) 客室乗務員
☐ help sick animals 病気の動物を助ける
☐ help people in trouble 困っている人々を助ける
☐ playing video games テレビゲームをすること

☐ soccer player(s) サッカー選手
☐ cook(s) コック、料理人
☐ game designer(s) ゲームデザイナー
☐ help sick people 病気の人々を助ける
☐ see many smiles たくさんの笑顔を見る
☐ reading science books 科学の本を読むこと

複…２人以上のときの形

書いて練習のワーク

☆ 読みながらなぞって、もう1〜2回書きましょう。

comedian

お笑い芸人

singer

歌手

doctor

医者

vet

獣医

teacher

先生

scientist

科学者

pastry chef

パティシエ、洋菓子職人

carpenter

大工

🎧 聞く
🎤 話す
📖 読む
✏️ 書く

police officer

警察官

 英語の とびら 英語で「警察官」は police officer と言うけれど、「おまわりさん」とよびかけるときは、officer と言うよ。
例 Excuse me［イクスキューズ ミ］, officer.（すみません、おまわりさん）

What do you want to be?　②

基本のワーク

♪ a37　教科書 78～87ページ

学習の目標・
つきたい職業を英語で言ったりたずねたりできるようになりましょう。

🔊音声

---

① つきたい職業の言い方

✓言えたらチェック □□□

I want to be a scientist.
私は科学者になりたいです。

❋将来つきたい職業について言うときは、**I want to be ～.** と言います。
❋「～」に、〈a[an]＋職業を表すことば〉を入れます。

➕**ちょこっとプラス**
日本語の「ア・イ・ウ・エ・オ」に似た音で始まることばの前には、an を使います。
例 I want to be an artist.
（私は芸術家になりたいです）

🔊 **声に出して言ってみよう**　□□に入ることばを入れかえて言いましょう。

I want to be a scientist **.**

・a teacher　・a vet
・a singer

---

② つきたい職業のたずね方と答え方

✓言えたらチェック □□□

What do you want to be?
あなたは何になりたいですか。

I want to be a police officer.
私は警察官になりたいです。

❋将来つきたい職業をたずねるときは、**What do you want to be?** と言います。
❋答えるときは、①と同じで **I want to be ～.** と言います。

➕**ちょこっとプラス**
「あなたは将来何になりたいですか」は、
What do you want to be in the future[フューチァ]？
と言います。

🔊 **声に出して言ってみよう**　□□に入ることばを入れかえて言いましょう。

たずね方 **What do you want to be?**

答え方 **I want to be** a police officer **.**

・a comedian　・a pastry chef　・a carpenter

 相手の将来の夢をたずねるとき、Please [プリーズ] tell [テル] me your dream [ドゥリーム]．（あなたの夢を教えてください）と言ったあとに、What do you want to be? と言うと会話が自然に続きます。

書いて練習のワーク

⭐ 読みながらなぞって、もう1回書きましょう。

I want to be a scientist.

　　　　　　　　　　　　　　私は科学者になりたいです。

I want to be a teacher.

　　　　　　　　　　　　　　私は先生になりたいです。

I want to be an artist.

　　　　　　　　　　　　　　私は芸術家になりたいです。

What do you want to be?

　　　　　　　　　　　　　　あなたは何になりたいですか。

I want to be a police officer.

聞く
話す
読む
書く

　　　　　　　　　　　　　　私は警察官になりたいです。

英語の
トビラ
職業を表すことばでそのことばの前に an を使うものには、an artist、an astronaut［アストゥロノート］（宇宙飛行士）、an engineer［エンヂニア］（技術者、エンジニア）などがあるよ。

87

勉強した日 ▶ 月 日

What do you want to be? ③

基本のワーク

学習の目標
その職業につきたい理由を英語で言えるようになりましょう。

♪a38 教科書 78〜87ページ

❶ その職業につきたい理由の言い方①

✓言えたらチェック □□□

I want to be a doctor.
I want to help people.
私は医者になりたいです。私は人々を助けたいのです。

✵その職業につきたい理由として「私は〜したいのです」は、I want to 〜. と言います。
✵「〜」には、「したいこと」を入れます。したいことは、〈動作を表すことば〉を使います。

声に出して言ってみよう □□に入ることばを入れかえて言いましょう。

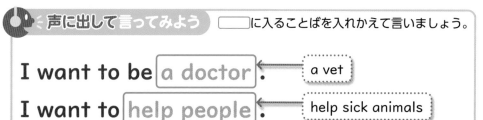

I want to be a doctor .   ← a vet
I want to help people .   ← help sick animals

💡思い出そう
理由をたずねるときは、why（なぜ）を使います。
例 Why do you want to be a doctor?（あなたはなぜ医者になりたいのですか）

❷ その職業につきたい理由の言い方②とその応答

✓言えたらチェック □□□

I want to be a singer.
I'm good at singing.
私は歌手になりたいです。私は歌うことが得意なのです。

Perfect job for you!
あなたにぴったりの職業ですね。

✵その職業につきたい理由として「私は〜することが得意です」は I'm good at 〜. と言います。
✵「〜」には、singing や cooking など〈〜することを表すことば〉が入ります。

声に出して言ってみよう □□に入ることばを入れかえて言いましょう。

I want to be a singer .   ← ▪a pastry chef ▪a teacher
I'm good at singing .   ← ▪cooking ▪teaching
— Perfect job for you!

📓表現べんり帳
友達のつきたい職業を聞いて「あなたにぴったりですね」「いいですね」などと言いたいときは、Perfect job for you!/ Good! / Nice! / Great! などと言います。

ステップアップ つきたい職業の理由として、I like 〈好きなもの［こと］〉.（私は〜（するの）が好きです）と言うこともできます。
例 I like animals.（私は動物が好きです）/ I like singing.（私は歌うのが好きです）

書いて練習のワーク

☆ 読みながらなぞって、もう1回書きましょう。

I want to be a doctor.

私は医者になりたいです。

I want to help people.

私は人々を助けたいのです。

I want to help sick animals.

私は病気の動物を助けたいのです。

I'm good at singing.

私は歌うことが得意なのです。

Perfect job for you!

あなたにぴったりの職業ですね。

聞く
話す
読む
書く

 将来つきたい職業なんて、まだわからない場合もあるよね。「まだわかりません」は、I don't know [ノウ] yet [イェット]. / I'm not sure [シュア] yet. / I have no idea [アイディ (ー) ア]. などと言うよ。

89

聞いて練習のワーク

できた数

/8問中

🔊音声

教科書 78〜87ページ　答え 9ページ

1 音声を聞いて、絵の内容と合っていれば〇、合っていなければ×を（　）に書きましょう。

♪ t15

(1)

（　　　）

(2)

（　　　）

(3)

（　　　）

(4)

（　　　）

2 音声を聞いて、それぞれの人がつきたい職業を線で結びましょう。

♪ t16

(1) ・　　　　　　　　　・
Yuki

(2) ・　　　　　　　　　・
Taku

(3) ・　　　　　　　　　・
Saori

(4) ・　　　　　　　　　・
Satoru

まとめのテスト

What do you want to be?

得点　　　/50点

時間 20分

教科書 78〜87ページ　　答え 10ページ

1 英語の意味を表す日本語を ⌐⌐⌐ から選んで、（　）に書きましょう。　　1つ6点〔30点〕

(1) scientist　　　　　（　　　　　　　）

(2) artist　　　　　　（　　　　　　　）

(3) florist　　　　　（　　　　　　　）

(4) soccer player　　（　　　　　　　）

(5) pastry chef　　　（　　　　　　　）

科学者	先生	医者	洋菓子職人
芸術家	生花店の店員	大工	サッカー選手

2 日本語の意味になるように、〔　〕内の英語を並べかえて、◯◯ に書きましょう。文の最初にくることばは大文字で書きはじめましょう。　　1つ10点〔20点〕

(1) あなたは何になりたいですか。

〔 you / want / what / do 〕 to be?

_____ to be?

(2) 私は料理人になりたいです。

〔 be / want / I / to 〕 a cook.

_____ a cook.

リーディング レッスン

⭐ 次の英語の文章を3回読みましょう。

✔ 言えたらチェック □ □ □

My Dream

I want to be a vet.

I like animals.

I want to help sick animals.

It's my dream.

What do you want to be?

dream：夢　　help：助ける　　sick：病気の

Question

文章の内容について、次の質問に答えましょう。

(1) 将来の夢は何になることですか。ア〜ウから選んで、記号を○で囲みましょう。

　　ア　科学者　　イ　獣医　　ウ　先生

(2) 好きなものを左ページで示された英語1語で＿＿に書きましょう。

(3) その夢をもつ理由を、5字の日本語で（　）に書きましょう。

　　（　　　　　　　　　　　　　　　　　　　　）を助けたい。

✪英文をなぞって書きましょう。

My Dream

I want to be a vet.

I like animals.

I want to help sick animals.

It's my dream.

What do you want to be?

学習の目標

部活動や学校行事を表すことばを英語で言えるようになりましょう。

 音声

Junior High School Life ①

基本のワーク

教科書 88～97 ページ

部活動、学校行事②を表すことばを覚えよう！

⭐ リズムに合わせて、声に出して言いましょう。　　✓ 言えたらチェック □□□　♪ a39

☐ **newspaper club**
新聞部

☐ **art club**
美術部

☐ **science club**
科学部

☐ **soccer team**
サッカー部

☐ **badminton team**
バドミントン部

☐ **track and field team**
陸上部

☐ **culture festival**
文化祭

☐ **chorus contest**
合唱コンクール

☐ **volunteer day**
ボランティアの日

ワードボックス　♪ a40

☐ chorus club　合唱部　　☐ English club　英語部　　☐ brass band　ブラスバンド部

☐ baseball team　野球部　　☐ tennis team　テニス部　　☐ basketball team　バスケットボール部

☐ volleyball team　バレーボール部　　☐ dance team　ダンス部

☐ *judo* club　柔道部　　☐ *kendo* club　剣道部

☐ computer club　コンピューター部　　☐ club activities　部活動

☐ tournament　トーナメント、選手権大会　　☐ contest　コンテスト、コンクール

書いて練習のワーク

⭐ 読みながらなぞって書きましょう。

newspaper club

新聞部

art club

美術部

science club

科学部

soccer team

サッカー部

badminton team

バドミントン部

track and field team

陸上部

culture festival

文化祭

chorus contest

合唱コンクール

volunteer day

ボランティアの日

 学校の部活動について言うとき、team は運動部に、club は文化部に使うことが多いよ。「吹奏楽部」は brass band（ブラスバンド部）でふつう club をつけずに言うよ。

Junior High School Life ②

基本のワーク

学習の目標・
入りたい部活動を英語
で言ったりたずねたりで
きるようになりましょう。

 音声

♪ a41 ｜ 教科書 88 ～ 97 ページ

❶ 入りたい部活動の言い方

 ✔ 言えたらチェック ☐☐☐

> **I want to join the art club.**
> 私は美術部に入りたいです。

✿ 入りたい部活動について言うときは、I want to join ～. と言います。

✿ 「～」に、〈the＋部活動を表すことば〉を入れます。

🎧 声に出して言ってみよう ☐に入ることばを入れかえて言いましょう。

I want to join the art club **.**
- the science club
- the soccer team

➕ ちょこっとプラス
join は「(活動など)に参加する」という意味です。例 I want to join the party.（私はパーティーに参加したいです）

❷ 入りたい部活動のたずね方と答え方

✔ 言えたらチェック ☐☐☐

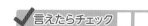

> **What club do you want to join?**
> あなたは何部に入りたいですか。

> **I want to join the kendo club.**
> 私は剣道部に入りたいです。

✿ 入りたい部活動をたずねるときは、What club do you want to join? と言います。

✿ 答えるときは、❶と同じで I want to join ～. と言います。

🎧 声に出して言ってみよう ☐に入ることばを入れかえて言いましょう。

たずね方 **What club do you want to join?**

答え方 **I want to join** the kendo club **.**
- the newspaper club
- the judo club

💡 思い出そう
what ～(何の～、どんな～)
のいろいろな言い方
what sport(何のスポーツ)
what music (どんな音楽)
what season (どんな季節)

「私は中学校で～部に入りたいです」と言うときは、in junior high school［デューニャ ハイ スクール］を使って、I want to join the ～ club[team] in junior high school. と言います。

書いて練習のワーク

☆ 読みながらなぞって、もう1回書きましょう。

I want to join the art club.

　　　　　　　　　　　　　　　　　私は美術部に入りたいです。

I want to join the soccer team.

　　　　　　　　　　　　　　　　私はサッカー部に入りたいです。

What club do you want to join?

　　　　　　　　　　　　　　　　あなたは何部に入りたいですか。

I want to join the kendo club.

　　　　　　　　　　　　　　　　　私は剣道部に入りたいです。

I want to join the judo club.

　　　　　　　　　　　　　　　　　私は柔道部に入りたいです。

 「私は～部に入っています」は、I'm in[on] ～. と言うよ。　例　I'm in the newspaper club.（私は新聞部に入っています）/ I'm on the badminton team.（私はバドミントン部に入っています）

Junior High School Life ③

基本のワーク

学習の目標・
学校行事について英語
で言ったりたずねたりで
きるようになりましょう。

 音声

♪ a42　教科書 88〜97 ページ

① 楽しみたい学校行事の言い方

✓ 言えたらチェック ☐☐☐

I want to enjoy the sports day.
私は体育祭を楽しみたいです。

❀楽しみたい行事を言うときは、I want to enjoy 〜. と言います。

❀「〜」に、〈the ＋ 行事を表すことば〉を入れます。

💡 思い出そう
・「〜をやってみたい」
→ I want to try 〜.
・「〜へ行きたい」
→ I want to go to 〜.
・「〜を見たい」
→ I want to see 〜.

🎧 声に出して言ってみよう　☐ に入ることばを入れかえて言いましょう。

I want to enjoy the sports day .
・ the chorus contest　・ the volunteer day

② 楽しみたい学校行事のたずね方と答え方

✓ 言えたらチェック ☐☐☐

What event do you want to enjoy?
あなたはどんな行事を楽しみたいですか。

I want to enjoy the culture festival.
私は文化祭を楽しみたいです。

❀楽しみたい行事をたずねるときは、What event do you want to enjoy? と言います。

❀答えるときは、①と同じで I want to enjoy 〜. と言います。

➕ ちょこっとプラス
「あなたは中学校で何が
したいですか」は、
What do you want
to do in junior high
school? と言います。
答えるときは、I want
to 〜. と言います。

🎧 声に出して言ってみよう　☐ に入ることばを入れかえて言いましょう。

たずね方 **What event do you want to enjoy?**
答え方 **I want to enjoy** the culture festival .
・ the school trip　・ the swimming meet

 スポーツの試合や発表会などを「どうぞ見に来てください」は、Please [プリーズ] come [カム] and see. と言います。「どうぞ聞きに来てください」なら、Please come and listen [リスン]. と言います。

書いて練習のワーク

⭐ 読みながらなぞって書きましょう。

I want to enjoy the sports day.

私は体育祭を楽しみたいです。

I want to enjoy the chorus contest.

私は合唱コンクールを楽しみたいです。

I want to enjoy the volunteer day.

私はボランティアの日を楽しみたいです。

What event do you want to enjoy?

あなたはどんな行事を楽しみたいですか。

I want to enjoy the culture festival.

私は文化祭を楽しみたいです。

聞く
話す
読む
書く

 アメリカではふつう、小学1年生から高校3年生までを通して数えるよ。中学1年生は「7年生」で the seventh［セヴンス］grade［グレイド］、高校3年生は「12年生」で the twelfth［トゥウェルフス］grade だよ。

Lesson 8

聞いて練習のワーク

できた数

/8問中

音声

教科書 88〜97ページ　　答え 10ページ

1 音声を聞いて、英語に合う絵を下から選んで、記号を（　）に書きましょう。　♪ t17

(1)（　　　　　）　　(2)（　　　　　）　　(3)（　　　　　）　　(4)（　　　　　）

ア

イ

ウ

エ

2 音声を聞いて、それぞれの人が「楽しみたい行事」を　　　から選んで、（　）に書きましょう。

♪ t18

	名　前	楽しみたい学校行事
(1)	Yuki	（　　　　　　　　　　　　　　）
(2)	Takuya	（　　　　　　　　　　　　　　）
(3)	Aya	（　　　　　　　　　　　　　　）
(4)	Keita	（　　　　　　　　　　　　　　）

体育祭　　文化祭　　合唱コンクール　　ボランティアの日

まとめのテスト

Junior High School Life

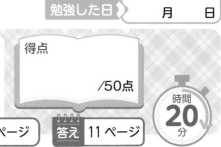

勉強した日　月　日

得点　/50点

時間 20分

教科書 88〜97ページ　答え 11ページ

1 日本語の意味になるように ┊┄┊ から英語を選んで、── に書きましょう。　1つ6点〔30点〕

(1) 文化祭　culture _____

(2) 新聞部　newspaper _____

(3) バドミントン部　badminton _____

(4) 合唱コンクール　chorus _____

(5) テニストーナメント　tennis _____

club　contest　team　tournament　festival

2 質問に合う答えの英語の文を ┊┄┊ から選んで、── に書きましょう。　1つ10点〔20点〕

(1) What club do you want to join?

_____

(2) What event do you want to enjoy?

_____

I want to enjoy the school trip.
I want to join the art club.

101

リーディング レッスン

◯ 次の英語の文章を3回読みましょう。　 言えたらチェック ☐☐☐

My Junior High School Life

I like music.

I can play the drums.

I want to join the brass band.

What club do you want to join?

I want to enjoy the chorus contest.

What event do you want to enjoy?

play the drums：太鼓[ドラム]をたたく[演奏する]

Question

Question

できた数

/4問中

文章の内容について、次の質問に答えましょう。

(1) 「好きなもの」と「演奏できる楽器」をそれぞれ左ページで示された英語1語で ___ に書きましょう。

① 好きなもの

② 演奏できる楽器

(2) 内容に合うように、（　）に日本語を書きましょう。

① 入りたい部活動　　　　　（　　　　　　　　　　　　　　　　　　）
② 楽しみたい学校行事　　　（　　　　　　　　　　　　　　　　　　）

✿ 英文をなぞって書きましょう。

I can play the drums.

I want to join the brass

band.

What club do you want to join?

I want to enjoy the chorus

contest.

103

英語の文の形

⭐ 中学校での学習に向けて英語の文の形をおさらいしましょう。

▶「―は…です」の文

◆ am、are、is を使った文

I am Sakura.
I am = I'm
私(わたし)はサクラです。

I am not Sakura.
I am not = I'm not
私はサクラではありません。

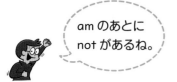
am のあとに not があるね。

You are Sakura.
あなたはサクラです。

Are you Sakura?
あなたはサクラですか。

Yes, I am. はい、そうです。

No, I am not.
いいえ、ちがいます。

Who are you?
あなたはだれですか。

I am Sakura.
私はサクラです。

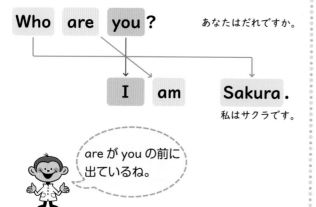
are が you の前に出ているね。

▶「―は～を…します」の文

◆ 動作を表すことば(動詞(どうし))を使った文

I have a ball.
私はボールを持っています。

I do not have a ball.
do not = don't
私はボールを持っていません。

do のあとに not があるね。

You have a ball.
あなたはボールを持っています。

Do you have a ball?
あなたはボールを持っていますか。

Yes, I do.
はい、持っています。

No, I do not.
いいえ、持っていません。

What do you have?
あなたは何を持っていますか。

I have a ball.
私はボールを持っています。

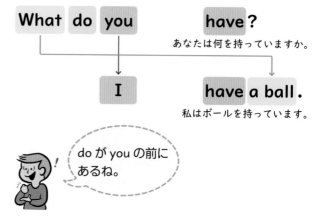
do が you の前にあるね。

● 「～です、～します」の文を肯定文(こうていぶん)と言います。
● 「～ではありません、～しません」の文を否定文(ひていぶん)と言います。
● 「～ですか、～しますか」の文を疑問文(ぎもんぶん)と言います。

動画で復習 & アプリで練習!

重要表現まるっと整理

6年生の重要表現を復習するよ!動画でリズムに合わせて楽しく復習したい人は **1** を、はつおん練習にチャレンジしたい人は **2** を読んでね。**1** → **2** の順で使うとより効果的だよ!

アレック
Alec先生

1 「わくわく動画」の使い方

各ページの冒頭についているQRコードを読み取ると、動画の再生ページにつながります。

▶ Alec先生に続けて子どもたちが1人ずつはつおんします。Alec先生が「You!」と呼びかけたらあなたの番です。

▶ **It's your turn!**（あなたの番です）が出たら、画面に出ている英文をリズムに合わせてはつおんしましょう。

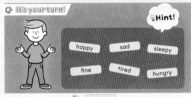

▶ 最後に自己表現の練習をします。
It's your turn! が出たら、画面上の英文をはつおんしましょう。▭の中に入れる単語は **Hint!** も参考にしましょう。

2 「文理のはつおん上達アプリ　おん達」の使い方

ホーム画面下の「かいわ」を選んで、学習したいタイトルをおします。

トレーニング
1 🔊 をおしてお手本の音声を聞きます。
2 🎤 をおして英語をふきこみます。
3 点数を確認し、▶ をおして自分の音声を聞きましょう。

チャレンジ
1 カウントダウンのあと会話が始まります。
2 🎤 が光ったら英語をふきこみ、最後にもう一度 🎤 をおします。
3 "Role Change!"と出たら役をかわります。

ダウンロード

アクセスコード
E3PNPF9a

第1回 生活や家事について
重要表現まるっと整理

6-01

⚙ アプリを使って会話の練習をしましょう。80点以上になるように何度も練習しましょう。

トレーニング 生活や家事についての表現を練習しましょう。＿＿の部分をかえて練習しましょう。

♪ s01

□① What time do you usually get up?
　　　・go to school　・have dinner　・go to bed

あなたはたいてい何時に起きますか。

□② I usually get up at 7:00.
　　・go to school　・have dinner　・go to bed　　・8:00　・6:30　・9:00

わたしはたいてい7時に起きます。

□③ What do you do in the morning?

あなたは午前中、何をしますか。

□④ I always walk the dog.
　・usually　・sometimes　　・clean my room　・wash the dishes　・take out the garbage

わたしはいつもイヌを散歩させます。

チャレンジ 生活や家事についての会話を練習しましょう。

♪ s02

What time do you usually get up?

I usually get up at 7:00.

What do you do in the morning?

I always walk the dog.

106

第**2**回

行きたい国について
重要表現まるっと整理

6-02
▶動画

⭐ アプリを使って会話の練習をしましょう。80点以上になるように何度も練習しましょう。

[トレーニング] 行きたい国についての表現を練習しましょう。___の部分をかえて練習しましょう。

♪ s03

- □① **Where do you want to go?**　あなたはどこへ行きたいですか。

- □② **I want to go to Italy.**　わたしはイタリアへ行きたいです。

  ・Australia ・India ・Egypt

- □③ **Why?**　なぜですか。

  まねして言ってみよう！

- □④ **I want to eat pizza.**　わたしはピザが食べたいです。

  ・see koalas ・eat curry ・see the pyramids

[チャレンジ] 行きたい国についての会話を練習しましょう。

♪ s04

Where do you want to go?

I want to go to Italy.

Why?

I want to eat pizza.

107

第3回

夏休みにしたことについて
重要表現まるっと整理

⭐ アプリを使って会話の練習をしましょう。80点以上になるように何度も練習しましょう。

トレーニング 夏休みにしたことについての表現を練習しましょう。＿＿の部分をかえて練習しましょう。

♪ s05

☐① How was your summer vacation? 　あなたの夏休みはどうでしたか。

☐② I went to <u>the mountains</u>. 　わたしは山へ行きました。
・the summer festival　・my grandparents' house　・the sea

☐③ I <u>enjoyed camping</u>. 　わたしはキャンプを楽しみました。
・saw fireworks　・ate watermelon　・enjoyed swimming

☐④ It was <u>great</u>. 　すばらしかったです。
・exciting　・delicious　・fun

チャレンジ 夏休みにしたことについての会話を練習しましょう。

♪ s06

How was your summer vacation?

I went to the mountains.

I enjoyed camping.
It was great.

第**4**回

自分の町について
重要表現まるっと整理

勉強した日　　月　　日

6-04

🔘 アプリを使って会話の練習をしましょう。80点以上になるように何度も練習しましょう。

トレーニング　自分の町についての表現を練習しましょう。＿＿の部分をかえて練習しましょう。

♪ s07

□① We have a <u>stadium</u> in our town.

・zoo　・convenience store　・library

わたしたちの町にはスタジアムがあります。

□② We can <u>see soccer games</u> in the <u>stadium</u>.

・see many animals　・buy snacks　・read many books

・zoo　・convenience store　・library

わたしたちはスタジアムでサッカーの試合を見ることができます。

□③ We don't have <u>an aquarium</u> in our town.

・an amusement park　・a department store　・a bookstore

わたしたちの町には水族館がありません。

□④ I want <u>an aquarium</u> in our town.

・an amusement park　・a department store　・a bookstore

わたしはわたしたちの町に水族館がほしいです。

チャレンジ　自分の町について会話を練習しましょう。

♪ s08

We have a stadium in our town.
We can see soccer games in the stadium.

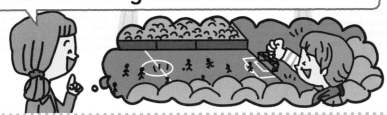

We don't have an aquarium in our town.
I want an aquarium in our town.

109

第5回

つきたい職業について

重要表現まるっと整理

6-05

🎬動画

⭐アプリを使って会話の練習をしましょう。80点以上になるように何度も練習しましょう。

トレーニング つきたい職業についての表現を練習しましょう。＿＿の部分をかえて練習しましょう。

♪ s09

☐① What do you want to be?　　あなたは何になりたいですか。

☐② I want to be a doctor.　　わたしは医者になりたいです。

・a teacher　・a cook　・an astronaut

☐③ Why?　　なぜですか。

がんばって！

☐④ I want to help people.　　わたしは人びとを助けたいです。

・like children　・like cooking　・want to go into space

チャレンジ つきたい職業についての会話を練習しましょう。

♪ s10

What do you want to be?

I want to be a doctor.

Why?

I want to help people.

第6回 小学校での一番の思い出について
重要表現まるっと整理

6-06

⭐ アプリを使って会話の練習をしましょう。80点以上になるように何度も練習しましょう。

トレーニング 小学校での一番の思い出についての表現を練習しましょう。＿＿の部分をかえて練習しましょう。

♪ s11

☐① What's your best memory?　　　　あなたの一番の思い出は何ですか。

☐② My best memory is our <u>sports day</u>.　わたしの一番の思い出は運動会です。
　　・field trip　・chorus contest　・school trip

☐③ What did you do?　　　　あなたは何をしましたか。

☐④ I <u>enjoyed running</u>.　　　わたしは走ることを楽しみました。
　　・ate *obento*　・enjoyed singing　・saw many temples

チャレンジ 小学校での一番の思い出についての会話を練習しましょう。

♪ s12

What's your best memory?

My best memory is our sports day.

What did you do?

I enjoyed running.

111

第 **7** 回

入りたい部活動について
重要表現まるっと整理

6-07

📹動画

⭐ アプリを使って会話の練習をしましょう。80点以上になるように何度も練習しましょう。

トレーニング　入りたい部活動についての表現を練習しましょう。＿＿の部分をかえて練習しましょう。

♪ s13

☐① What club do you want to join?　あなたは何部に入りたいですか。

☐② I want to join the table tennis team.　わたしは卓球部に入りたいです。

　　　・chorus　・science club　・cooking club

☐③ What school event do you want to enjoy?　あなたはどんな学校行事を楽しみたいですか。

☐④ I want to enjoy the school festival.　わたしは学園祭を楽しみたいです。

　　　・chorus contest　・swimming meet　・drama festival

チャレンジ　入りたい部活動についての会話を練習しましょう。

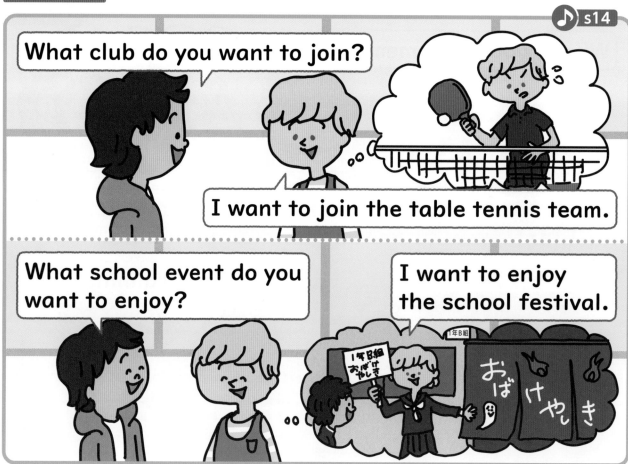

♪ s14

What club do you want to join?

I want to join the table tennis team.

What school event do you want to enjoy?

I want to enjoy the school festival.

3 音声を聞いて、内容に合う絵を選んで、記号を（　）に書きましょう。　1つ7点〔28点〕

♪ t21

(1) (　　　)　　(2) (　　　)　　(3) (　　　)　　(4) (　　　)

ア

イ

ウ

エ

4 4人の人が英語でスピーチをします。その内容に合う絵を選んで、記号を（　）に書きましょう。

1つ8点〔32点〕

♪ t22

(1) **Koji** 　(　　　)　　(2) **Hana** 　(　　　)

(3) **Satoru** 　(　　　)　　(4) **Mika** 　(　　　)

ア

イ

ウ

エ

うら面の問題も解きましょう。

実力判定テスト　夏休みの テスト

時間 10分

名前

得点

/50点

書く

読む

教科書 10〜41 ページ　答え 12 ページ

5 日本語の意味を表す英語の文になるように、🔲から英語を選んで、▱に書きましょう。文の最初にくることばは大文字で書きはじめましょう。

1つ5点〔25点〕

(1) あなたはだんごを食べることができます。

You ▭ ▭ *dango.*

(2) あなたはなぜそれが好きなのですか。

▭ do you like it?

(3) あなたは日本の何が好きですか。

▭ do you like about Japan?

(4) それは美しいです。

It's ▭ .

what / why / beautiful / can / fun / cook / eat

6 ナナが自分の町をしょうかいするポスターを作りました。表の内容に合うように、$\vdots\ \vdots$ から英語を選んで、＿＿に書きましょう。

1つ5点〔25点〕

施設 （しせつ）	ナナの町にある／ない
図書館	ある
動物園	ない

We ＿＿＿＿＿ a

＿＿＿＿＿．

We can ＿＿＿＿＿ books.

I like animals.
I ＿＿＿＿＿ a ＿＿＿＿＿
in my town.

read / want / have / theater / zoo / library

実力判定テスト **夏休みの テスト**

時間 **20**分

名前　　　　　　　　得点

/100点

●音声

聞く

教科書　10〜41 ページ　　答え　12 ページ

1 音声を聞いて、絵の内容と合っていれば〇、合っていなければ×を（　）に書きましょう。

1つ4点〔16点〕

♪ t19

(1)

（　　　　）

(2)

（　　　　）

(3)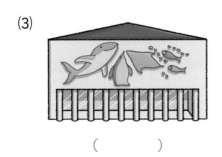

（　　　　）

(4)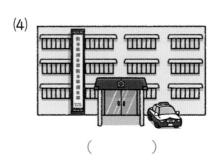

（　　　　）

2 音声を聞いて、それぞれの人のお気に入りの場所とその理由を線で結びましょう。

1つ4点〔24点〕

♪ t20

(1)

Saki

・

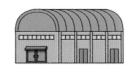 ・

・

(2)

Kenta

・

 ・

・

(3)

Saori

・

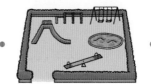 ・

・

5 日本語の意味に合うように、（　）の中から正しいほうを選んで、◯◯で囲みましょう。

1つ5点〔25点〕

(1) あなたは夏休みに何をしましたか。

What (do / did) you do in your summer vacation?

(2) [(1)に答えて]　私は海へ行きました。楽しかったです。

I (went / go) to the sea.

It (is / was) fun.

(3) 私の一番の思い出は修学旅行です。

My best memory is the (school trip / school play).

(4) 私たちはゆばを食べました。

We (ate / saw) *yuba*.

3 音声を聞いて、それぞれの人物が行った場所を選んで、記号を（　）に書きましょう。

1つ5点〔20点〕

♪ t25

(1) (　　　)　　(2) (　　　)　　(3) (　　　)　　(4) (　　　)

ア

イ

ウ

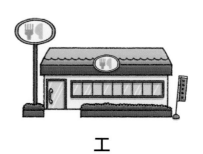
エ

4 ナオヤが英語でスピーチをします。その内容に合うように、表の（　）に日本語で書きましょう。

1つ6点〔30点〕

♪ t26

(1)	思い出の学校行事	(　　　　　　　　　　　)
(2)	学校行事で楽しんだこと	(　　　　　　　　)こと
(3)	好きな教科	(　　　　　　　　　　　)
(4)	つきたい職業	(　　　　　　　　　　　)
(5)	つきたい理由	(　　　　　　　　)から

うら面の問題も解きましょう。

実力判定テスト

冬休みの テスト

時間 **20**分

名前

得点

/100点

🔊音声

教科書　42〜87ページ　　答え　13ページ　　🎧聞く

1 音声を聞いて、絵の内容と合っていれば〇、合っていなければ×を（　）に書きましょう。

1つ5点〔20点〕

♪ **t23**

(1)

（　　　）

(2)

（　　　）

(3)

（　　　）

(4)

（　　　）

2 音声を聞いて、それぞれの人が行きたい国とその理由を線で結びましょう。

1つ5点〔30点〕

♪ **t24**

(1)

Satoru

(2)

Saori

(3)

Kenta

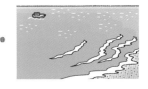

6 サクラが将来の夢について英語で文を書きました。表の内容に合うように、[ ]から英語を選んで、▭ に書きましょう。

名前	つきたい職業	理由
サクラ	歌手	・歌うことが得意
		・たくさんの人々の前で歌いたい

I want to ▭

a ▭ .

I'm good at ▭ .

I want to ▭

in front of many

▭ .

sing / be / singer / people / singing

名前　　　　　　　　　得点

/100点

実力判定テスト　学年末のテスト

時間
20分

教科書　10〜98ページ　　答え　15ページ

🎧 聞く

1 音声を聞いて、絵の内容と合っていれば○、合っていなければ×を（　）に書きましょう。

1つ5点〔20点〕

♪ t27

(1)

（　　　　）

(2)

（　　　　）

(3)

（　　　　）

(4)

（　　　　）

2 音声を聞いて、それぞれの人の好きな教科と入りたい部活動を線で結びましょう。

1つ5点〔30点〕

♪ t28

(1)
・　　　　　　・　　　　　　・　　　　　　・
Yuki

(2)
・　　　　　　・　　　　　　・　　　　　　・
Taku

(3)
・　　　　　　・　　　　　　・　　　　　　・
Saori

6 ハヤトが質問に答えています。表の内容に合うように、⌐ ̄ ̄¬から英語を選んで、▭ に書きましょう。

1つ5点〔20点〕

できること	得意なこと	将来の夢 しょうらい	中学校で入りたい 部活動
速く泳げる	書写	科学者	科学部

(1) What can you do?

I can ▭ fast.

(2) What are you good at?

I'm good at ▭ .

(3) What do you want to be?

I want to be a ▭ .

(4) What club do you want to join?

I want to join the

▭ .

scientist / doctor / calligraphy / science club / swim

5 日本語の意味に合うように、（ ）の中から正しいほうを選んで、◯◯で囲みましょう。

1つ5点〔30点〕

(1) （私たちの町には）音楽ホールがあります。

We (have / want) a music hall.

(2) あなたはなぜその祭りが好きなのですか。

(When / Why) do you like the festival?

(3) [(2)に答えて]　花火を見ることができるからです。

We can (see / saw) fireworks.

(4) 私は友達とハイキングを楽しみました。

I (enjoy / enjoyed) hiking (with / at) my friends.

(5) あなたはどんな行事を楽しみたいですか。

(What / Where) event do you want to enjoy?

3 音声を聞いて、内容に合う絵を選んで、記号を（　）に書きましょう。　　1つ5点〔20点〕

♪ t29

(1) (　　　　)　　(2) (　　　　)　　(3) (　　　　)　　(4) (　　　　)

ア

イ

ウ

エ

4 ケリーが英語でスピーチをします。その内容に合うように、表の（　）に日本語で書きましょう。　　1つ6点〔30点〕

♪ t30

(1)	出身国	（　　　　　　　　　　　　）
(2)	好きなこと	（　　　　　　　　　　　　）
(3)	行きたい国	（　　　　　　　　　　　　）
(4)	その国でしたいこと	（　　　　　　　　　　　）こと
(5)	つきたい職業	（　　　　　　　　　　　　）

うら面の問題も解きましょう。

⑲

運動会

⑳

マラソン

㉑

卒業式

㉒

エジプト

㉓

韓国

㉔

イギリス

㉕

花火

㉖

祭り

㉗

動物園

㉘

町

fireworks

Egypt

marathon

festival

Korea

zoo

graduation ceremony

town

the U.K.

sports day

⑨ レスリング

⑨ レスリング

⑩ デザート

⑪ カボチャ

⑫ クッキー

⑬ 海

⑭ 太陽

⑮ にじ

⑯ キリン

⑰ クジラ

⑱ アリ

cookie

ant

sun

pumpkin

wrestling

rainbow

dessert

giraffe

sea

whale

英語 6年 オモテ

折り返し地点！
うら面もあるよ！

実力判定テスト

6年生の単語**38**語を書こう!

単語リレー

時間 **30**分

名前

単語カード **1** 〜 **156**　答え **16** ページ

6年生のわくわく英語カードで覚えた単語のおさらいです。絵に合う単語を［＿＿］から選び、＿＿に書きましょう。

❶
お笑い芸人

❷
科学者

❸
作家

❹
めがね

❺
ラケット

❻
かさ

❼
ラグビー

❽
サーフィン

writer

racket

rugby

umbrella

surfing

scientist

glasses

comedian

㉙ 書店

㉚ 神社

㉛ 美しい

㉜ (背が)高い

㉝ あまい

㉞ すっぱい

㉟ 楽しむ

㊱ 教える

㊲ 夕食を食べる

㊳ 皿をあらう

tall

sweet

shrine

enjoy

wash the dishes

beautiful

eat dinner

teach

bookstore

sour

採点をして正しく書けた語数を入れよう！

語/38語 クリア！

教科書ワーク

答えとてびき

「答えとてびき」は、とりはずすことができます。

教育出版版
英語 **6** 年

使い方

まちがえた問題は、もう一度よく読んで、なぜまちがえたのかを考えましょう。音声を聞きなおして、あとに続いて言ってみましょう。

Lesson 1 Let's be friends.

18 ページ　聞いて練習のワーク

❶ (1)
Aya

(2)
Satoru

(3) Kenta

(4)
Saki

❷ (1) ○　(2) ×　(3) ×　(4) ○

てびき ❶ (1)(2) I like ～. は「私は～が好きです」という意味です。

(3)(4) This is ～. は「こちらは～です」という意味です。He[She] can ～. で「彼 [彼女] は～することができます」という意味を表します。cook well は「上手に料理をする」、run fast は「速く走る」。

❷ (1)(2) What ～ do you like? は「あなたは何の [どんな] ～が好きですか」という意味です。

(3)(4) My favorite place is ～. は「私のお気に入りの場所は～です」という意味です。play the recorder は「リコーダーをふく」という意味です。

📣 読まれた英語

❶ (1) My name is Aya.　I like tennis.

(2) My name is Satoru.　I like science.

(3) This is Kenta.　He can cook well.

(4) This is Saki.　She can run fast.

❷ (1) What sport do you like?
　— I like badminton.

(2) What subject do you like?
　— I like Japanese.

(3) I like basketball.
　My favorite place is the gym.

(4) I can play the recorder.
　My favorite place is the music room.

19 ページ　まとめのテスト

❶ (1) 英語　(2) 算数　(3) 卓球　(4) 校庭

❷ (1) can　　play

(2) jump　　high

(3) subject　　studies

てびき ❶ 「理科」は science、「テニス」は tennis、「体育館」は gym です。

❷ (1)(2)「～することができます」は can のあとに動作を表すことばを続けます。

(3)「あなたは何の [どんな] ～が好きですか」は What ～ do you like? と言います。

21 ページ リーディングレッスン

(1) 5（月）22（日）

(2)① 音楽

② ピアノをひくこと［ピアノの演奏]

(3) (the) music room

てびき (1) Birthday（誕生日）のところに May 22nd とあります。May は「5月」、22nd は「22日」という意味です。

(2)① 最初の文に I like music.（私は音楽が好きです）とあります。I like 〜. は「私は〜が好きです」という意味です。music は「音楽」。

② 2文目に I'm good at playing the piano. とあります。I'm good at 〜. は「私は〜が得意です」という意味です。playing the piano は「ピアノをひくこと」。「（楽器を）ひく、演奏する」と言うとき、楽器を表すことばの前に the を置くことに注意しましょう。

(3) 3文目に My favorite place is the music room. とあります。My favorite place is 〜. は「私のお気に入りの場所は〜です」という意味です。music room は「音楽室」。

Lesson 2 My town is wonderful.

30 ページ 聞いて練習のワーク

❶ (1)イ (2)ア (3)ア (4)イ

❷ (1)イ (2)エ、オ (3)ア、エ

てびき ❶ (1) movie theater は「映画館」。「遊園地」は amusement park。

(2) zoo は「動物園」。「水族館」は aquarium。

(3) post office は「郵便局」。「警察署」は police station。

(4) sea は「海」。「川」は river。

❷ What is your favorite place in our town? は「私たちの町であなたのお気に入りの場所はどこですか」という意味です。

(1) listen to music は「音楽を聞く」。

(2) gym は「体育館」。table tennis は「卓球」。

(3) department store は「デパート」、enjoy shopping は「買い物を楽しむ」。

読まれた英語

❶ (1) We have a movie theater.

(2) We have a zoo.

(3) We have a post office.

(4) We have a beautiful sea.

❷ (1) What is your favorite place in our town, Emi?

— My favorite place is Green Hall.

Why do you like it?

— We can listen to music.

(2) What is your favorite place in our town, Taku?

— My favorite place is the gym.

Why do you like it?

— We can play table tennis.

(3) What is your favorite place in our town, Yuki?

— My favorite place is the department store.

Why do you like it?

— We can enjoy shopping.

まとめのテスト

1 (1) 城　(2) 橋　　(3) 山
(4) 町　(5) 浜辺（はまべ）

2 (1) We have a movie theater.

(2) We want a library.

(3) Why do you like it?

てびき **1** 「博物館」は museum、「公園」は park、「学校」は school です。
2 (1)「（私たちの町には）〜があります」は We have 〜. と言います。
(2)「（私たちの町に）〜がほしいです」は We want 〜. と言います。
(3)「あなたはなぜそれが好きなのですか」は Why do you like it? と言います。What is your favorite place? は「あなたのお気に入りの場所はどこですか」という意味です。

リーディングレッスン

(1) Flower Park

(2) 野球（をすること）
(3) デパート、買い物［ショッピング］

てびき (1) 公園の名前を英語で書くときは、最初の文字と公園を表す park の p を大文字にします。
(2) play baseball「野球をする」
(3) department store は「デパート」、enjoy shopping は「買い物［ショッピング］を楽しむ」という意味です。

Lesson 3　Welcome to Japan.

聞いて練習のワーク

1 (1) イ　(2) ウ　(3) ア　(4) エ
2 (1) エ　(2) イ　(3) ア　(4) ウ

てびき **1** (1) Doll Festival は「ひな祭り」、(2) Star Festival は「七夕（たなばた）」、(3) full moon は「満月」、(4) hot springs は「温泉（おんせん）」という意味です。
2 (1)(2) What do you like about Japan?（あなたは日本の何が好きですか）とたずねられて、「私は〜が好きです」と答えている会話です。それぞれ、(1)は autumn leaves（紅葉（こうよう））、(2)は fireworks（花火）が好きと答えています。
(3)(4) Why do you like 〜?（あなたはなぜ〜が好きなのですか）とたずねられて、I can 〜.（〜ができるからです）と答えています。(3)は tsukimi（月見）について、(4)は hanami（花見）について好きな理由を話しています。

読まれた英語
1 (1) I like the Doll Festival.
(2) I like the Star Festival.
(3) I can see a full moon.
(4) I can enjoy hot springs.
2 (1) Ken, what do you like about Japan?
— I like autumn leaves.
(2) Emi, what do you like about Japan?
— I like fireworks.
(3) Satoru, why do you like tsukimi?
— I can eat dango.
(4) Yuki, why do you like hanami?
— I can see cherry blossoms.

1 (1) winter

(2) summer

(3) spring

(4) festival

(5) New Year's Day

2 (1) What do you like about Japan?

(2) Why do you like Japanese food?

てびき

1 spring、summer、autumn[fall]、winter の四季を表すことばを確実に覚えましょう。Doll Festival（ひな祭り）、cherry blossoms（桜の花）などの、それぞれの季節に関連した行事やことばも確認しておきましょう。

2 (1)「あなたは日本の何が好きですか」は What do you like about Japan? と言います。

(2)「あなたはなぜ和食が好きなのですか」は Why do you like Japanese food? と言います。What is your favorite place? は「あなたのお気に入りの場所はどこですか」という意味です。

---

1 (1) イ (2) イ (3) ア (4) ア

2 (1) ウ (2) イ (3) ア (4) エ

てびき

1 (1)〜(4)はすべて様子や状態、味を表すことばです。

(1) ア strong（強い）、イ sweet（あまい）

(2) ア cool（かっこいい）、イ sour（すっぱい）

(3) ア bitter（苦い）、イ delicious（とてもおいしい）

(4) ア salty（塩からい）、イ healthy（健康的な）

2 (1)(4) You can enjoy ～ in〈月・季節〉. は「…には～を楽しむことができます」という意味です。(1)の Doll Festival は「ひな祭り」、March は「3月」、(4)の spring は「春」。

(2)(3) You can see ～ in〈月・季節〉. は「…には～を見ることができます」という意味です。(2)の colorful autumn leaves は「色あざやかな紅葉」、November は「11月」です。(3)の a beautiful moon は「美しい月」、fall は「秋」。

読まれた英語

1 (1) ア strong イ sweet

(2) ア cool イ sour

(3) ア bitter イ delicious

(4) ア salty イ healthy

2 (1) You can enjoy the Doll Festival in March.

(2) You can see colorful autumn leaves in November.

(3) You can see a beautiful moon in fall.

(4) You can enjoy *hanami* in spring.

まとめのテスト

1 (1) | delicious |

(2) | traditional |

(3) | beautiful |

(4) | cool |

(5) | fun |

2 (1) | You can enjoy fireworks in July. |

(2) | You can see the colorful dolls. |

てびき **1** 様子や状態、味を表すことばです。使い方もいっしょに確認しておきましょう。

2 (1)「(あなたは) ～を楽しむことができます」は、You can enjoy ～. と言います。「花火」は fireworks、「7月には」は in July。You can enjoy *hanami* in March. は「3月には花見を楽しむことができます」という意味です。

(2)「(あなたは) ～を見ることができます」は、You can see ～. と言います。

リーディング レッスン

(1) ウ

(2) 満月を見る、(とてもおいしい) だんごを食べる

(3) | delicious | 、 | sweet |

てびき (1) Welcome to Japan (日本へようこそ) のあとに *Tsukimi* (月見) とあります。

(2) 最初の文に You can see ～. (～を見ることができます)、2文目に You can eat ～. (～を食べることができます) とあります。

(3) 2文目の delicious *dango* は「とてもおいしいだんご」という意味です。3文目に It's sweet. (それ (＝だんご) はあまいです) とあります。delicious と sweet がだんごの味を表しています。

リーディング レッスン

(1) ウ (2) エ

(3) ① × ② 〇 ③ 〇

てびき (1) カメは I'm sad. (私は悲しいです) に続く文で、I miss ～. (私は～がいなくてさびしい) と言っています。

(2) The next day (次の日) に、カメがリスに You can ride on my back. と言っています。You can ～. は「あなたは～することができます」という意味です。

(3) ① リスは最初に Can I go? と言っています。Can I ～? は「私は～することができますか」という意味です。リスも島の公園に行きたかったことがわかります。

② アヒルがリスに You can't swim! と言っています。You can't ～. は「あなたは～することができません」という意味です。また、(1) の解説にあるように、カメは島で「私はリスがいなくてさびしい」と言っています。リスは泳げないので、最初の日は島の公園に行けなかったことがわかります。

③ 次の日は、カメがすばらしい考え (＝カメが泳げないリスを背中に乗せて運ぶ) を思いついてくれたので、みんなで島の公園に行くことができたとわかります。

Lesson 4　My Summer Vacation

58ページ　聞いて練習のワーク

❶ (1) ×　(2) ○　(3) ○　(4) ×

❷ (1)

 Saki
 Kenta
 Saori
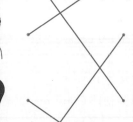

Satoru

てびき ❶ (1) soccer stadium は「サッカー場」、
(2) zoo は「動物園」、(3) reading は「読書」、
(4) swimming は「水泳」という意味です。

❷ What did you do in your summer vacation?
（あなたは夏休みに何をしましたか）という質
問に対して、それぞれの人がしたこと（enjoyed、
ate、saw）を答えています。

📢 読まれた英語

❶ (1) I went to a soccer stadium.
　(2) I went to a zoo.
　(3) I enjoyed reading.
　(4) I enjoyed swimming.

❷ (1) Saki, what did you do in your summer
　　vacation?
　　— I went to a department store.
　　　I enjoyed shopping.
　(2) Kenta, what did you do in your summer
　　vacation?
　　— I went to a restaurant in my town.
　　　I ate shaved ice.
　(3) Saori, what did you do in your summer
　　vacation?
　　— I saw a movie. It was fun.
　(4) Satoru, what did you do in your
　　summer vacation?
　　— I enjoyed hiking with my mother on
　　　a mountain.

59ページ　まとめのテスト

❶ (1) ステーキ　(2) 映画館　(3) 祖父母の家
　(4) スイカ　　(5) おにぎり

❷ (1) went
　(2) ate
　(3) enjoyed
　(4) saw

てびき ❶ shaved ice（かき氷）や pizza（ピザ）
などの食べ物を表すことば、mountain（山）や
baseball stadium（野球場）などの場所を表す
ことばもいっしょに覚えましょう。

❷ (1)～(4)は過去にしたことを表す文です。
(1)「私は～へ行きました」は I went to ～. です。
(2)「私は～を食べました」は I ate ～. です。
(3)「私は～を楽しみました」は I enjoyed ～. で
す。「～」には shopping（買い物）、hiking（ハ
イキング）、the summer festival（夏祭り）な
どのことばがきます。
(4)「私は～を見ました」は I saw ～. です。「～で」と
見た場所を表すときは〈at ＋場所〉などを使い
ます。

61ページ　リーディングレッスン

(1) 7（月）27（日）
(2) ① 夏祭り　② 焼きそば　③ ぼん踊り

(3) It was great.

てびき (1) Date のところで日付を示しています。
July は「7月」、27th は「27日」です。27th
は twenty-seventh と読みます。
(2) それぞれ、①最初の文の I enjoyed（私は楽
しんだ）、②2文目の I ate（私は食べた）、
③3文目の I saw（私は見た）のあとに続く
内容を答えます。
(3) 最後の文で感想を述べています。great は
「すばらしい」という意味です。

Lesson 5　Dream World Tour

❶ (1)エ　(2)イ　(3)ア　(4)ウ
❷ (1)ウ、ア　(2)エ、ウ　(3)イ、エ

てびき　❶ すべて国の名前に関するものです。英語での言い方を覚えましょう。
(1) Australia（オーストラリア）
(2) Finland（フィンランド）
(3) Germany（ドイツ）
(4) Kenya（ケニア）

❷ Where do you want to go?（あなたはどこへ行きたいですか）とたずねられて、行きたい国とそこでしたいことを答えています。I want to go to ～.は「私は～へ行きたいです」、I want to see ～.は「私は～を見たいです」、I want to talk to ～.は「私は～と話したいです」、I want to eat ～.は「私は～を食べたいです」という意味です。
(2) in English は「英語で」という意味です。

読まれた英語

❶ (1) I want to go to Australia.
　(2) I want to go to Finland.
　(3) I want to go to Germany.
　(4) I want to go to Kenya.
❷ (1) Yuki, where do you want to go?
　　— I want to go to France.
　　　I want to see the Eiffel Tower.
　(2) Ken, where do you want to go?
　　— I want to go to New Zealand.
　　　I want to talk to people in English.
　(3) Emi, where do you want to go?
　　— I want to go to China.
　　　I want to eat Chinese food.

❶ (1) to go to　(2) to see
　(3) to try

❷ (1) I want to go to India.
　(2) I want to see the Taj Mahal.

てびき　❶ (1)「私は～に行きたいです」は I want to go to ～.、(2)「私は～を見たいです」は I want to see ～.、(3)「私は～を食べてみたいです」は I want to try ～.と言います。この try は「試しに食べてみる」という意味です。
❷ (1)「あなたはどこへ行きたいですか」という質問です。I want to go to〈国の名前〉.で行きたい国を答えます。
(2)「なぜですか」と理由をたずねています。I want to ～.の形で、したいことを答えます。

(1) France
(2) エッフェル塔を見る、フランスパンを食べる
(3) ①×　②○

てびき　(1)国の名前を英語で書くときは、最初の文字を大文字にします。
(2)最初の文に You can see ～.（～を見ることができます）、3文目に You can eat ～.（～を食べることができます）とあります。the Eiffel Tower は「エッフェル塔」、French bread は「フランスパン」という意味です。
(3)①しょうかいしているフランスが大きな国だという内容は書かれていません。2文目の It's beautiful.（それは美しいです）は「エッフェル塔」についての感想です。
②最後の文の It's delicious.（それはとてもおいしいです）はしょうかいしている食べ物（フランスパン）についての感想です。

リーディングレッスン

(1) (かえるくんががまくんに書いた) 手紙
(2) ① × ② ○ ③ × ④ ○

(3) very happy

てびき (1) 最初にかえるくんが Toad, let's wait for a letter together! と言っています。Let's wait for 〜 together. は「いっしょに〜を待ちましょう」という意味です。letter は「手紙」。手紙を待つ理由について、かえるくんが I wrote a letter to you. と言っています。I wrote 〜 to you. は「私はあなたに〜を書きました」。このことから、待っているのは「(かえるくんががまくんに書いた) 手紙」とわかります。

(2) ① I wrote a letter to you. と言っているのは、かえるくんです。つまり、I は「かえるくん」で、you は「がまくん」のことです。

② ③ 本文の5行目に Toad and Frog sat together. とあります。続けて6行目に Toad was happy. Frog was happy, too. とあります。happy は「幸せな、楽しい」という意味です。手紙を待っていっしょにすわっているとき、がまくんもかえるくんも幸せだったことがわかります。

④ 最後から3行目に After four days, Snail came to Toad's house. とあります。After four days は「4日後に」。かえるくんとがまくんが手紙を待ち始めてから4日後にかたつむりくんが来たことがわかります。

(3) 最後から2行目に Toad was very happy. とあります。がまくんは「とても幸せ」だったのです。

Lesson 6　My Best Memory

聞いて練習のワーク

❶ (1) × (2) × (3) ○ (4) ○
❷ (1) ウ (2) イ (3) ア (4) エ

てびき ❶ My best memory is 〜. は「私の一番の思い出は〜です」という意味です。学校行事の英語での言い方を覚えましょう。

(1) music festival (音楽会)、絵は school trip (修学旅行)。
(2) school play (学芸会)、絵は music festival (音楽会)。
(3) sports day (運動会)
(4) graduation ceremony (卒業式)

❷ What's your best memory? (あなたの一番の思い出は何ですか) とたずねられて、それぞれの人が思い出の行事を答えています。

(1) field trip (遠足)
(2) entrance ceremony (入学式)
(3) marathon (マラソン大会)
(4) swimming meet (水泳大会)

📣 **読まれた英語**

❶ (1) My best memory is the music festival.
(2) My best memory is the school play.
(3) My best memory is the sports day.
(4) My best memory is the graduation ceremony.

❷ (1) What's your best memory?
　— My best memory is the field trip.
(2) What's your best memory?
　— My best memory is the entrance ceremony.
(3) What's your best memory?
　— My best memory is the marathon.
(4) What's your best memory?
　— My best memory is the swimming meet.

81ページ まとめのテスト

1 (1) field　(2) school

(3) sports　(4) music

2 (1) My best memory is the marathon.

(2) I enjoyed singing.

(3) We saw a panda.

てびき **1** (1)(2) trip は「旅行」、(3) sports day は「運動会」、(4) festival は「祭り、（定期的な）催し物」という意味です。

2 (1)「私の一番の思い出は〜です」は My best memory is 〜. です。

(2)「私は〜を楽しみました」は I enjoyed 〜. です。

(3)「私たちは〜を見ました」は We saw 〜. です。We ate 〜. は「私たちは〜を食べました」という意味です。

83ページ リーディングレッスン

(1) ウ
(2)① 横浜
　② 中華料理を食べた
　③ （とても）おいしかった

てびき (1) 最初の文の school trip は「修学旅行」という意味です。「運動会」は sports day、「学芸会」は school play です。

(2)① 2文目に We went to 〜.（私たちは〜へ行きました）とあります。

② 3文目に、そこ（＝横浜）でしたことが書かれています。We ate 〜. は「私たちは〜を食べました」。

③ 最後の文の It was delicious.（それはとてもおいしかったです）が感想です。

Lesson 7　What do you want to be?

90ページ 聞いて練習のワーク

1 (1) ○　(2) ×　(3) ○　(4) ○

2 (1)
 Yuki

(2)
 Taku

(3)
 Saori

(4)
Satoru

てびき **1** I want to be 〜. は「私は〜になりたいです」という意味です。

2 What do you want to be?（あなたは何になりたいですか）に対して、つきたい職業と理由を答えています。理由は次のことを言っています。(1)「私は困っている人々を助けたいのです」、(2)「私はケーキが好きなのです」、(3)「私は病気の人々を助けたいのです」、(4)「私は教えることが得意なのです」。

読まれた英語

1 (1) I want to be a vet.

(2) I want to be a singer.

(3) I want to be a carpenter.

(4) I want to be a comedian.

2 (1) Yuki, what do you want to be?
— I want to be a police officer.
I want to help people in trouble.

(2) Taku, what do you want to be?
— I want to be a pastry chef.　I like cakes.

(3) Saori, what do you want to be?
— I want to be a doctor.　I want to help sick people.

(4) Satoru, what do you want to be?
— I want to be a teacher.　I'm good at teaching.

91ページ まとめのテスト

1 (1)科学者 (2)芸術家 (3)生花店の店員
(4)サッカー選手 (5)洋菓子職人

2 (1) What do you want

(2) I want to be

てびき **1**「先生」は teacher、「医者」は doctor、「大工」は carpenter です。

2 (1)「あなたは何になりたいですか」は、What do you want to be? と言います。文の最初なので、what の w を大文字 W にすることに注意しましょう。
(2)「私(わたし)は~になりたいです」は、I want to be ~. と言います。I (私は) は、文のどこにきても、いつも大文字で書きます。

93ページ リーディングレッスン

(1)イ

(2) animals

(3) 病気の動物

てびき (1)最初の文に I want to be ~. (私は~になりたいです)とあります。vet は「獣医(じゅうい)」という意味です。
(2) 2文目に I like animals. (私は動物が好きです)とあります。
(3) 3文目に I want to ~. (私は~したいので す)とあります。help sick animals は「病気の動物を助ける」という意味です。

Lesson 8　Junior High School Life

100ページ 聞いて練習のワーク

1 (1)ウ (2)イ (3)エ (4)ア
2 (1)合唱コンクール
(2)文化祭
(3)ボランティアの日
(4)体育祭

てびき **1** I want to join ~. は「私は~に入りたいです」という意味です。おもな部活動の英語での言い方を覚えましょう。
(1) science club (科学部)
(2) art club (美術部)
(3) soccer team (サッカー部)
(4) track and field team (陸上部)
2 What event do you want to enjoy? は「あなたはどんな行事を楽しみたいですか」という意味です。I want to enjoy ~. (私は~を楽しみたいです)で答えます。おもな学校行事の英語での言い方を覚えましょう。
(1) chorus contest (合唱コンクール)
(2) culture festival (文化祭)
(3) volunteer day (ボランティアの日)
(4) sports day (体育祭)

📣 読まれた英語

1 (1) I want to join the science club.
(2) I want to join the art club.
(3) I want to join the soccer team.
(4) I want to join the track and field team.
2 (1) Yuki, what event do you want to enjoy?
— I want to enjoy the chorus contest.
(2) Takuya, what event do you want to enjoy?
— I want to enjoy the culture festival.
(3) Aya, what event do you want to enjoy?
— I want to enjoy the volunteer day.
(4) Keita, what event do you want to enjoy?
— I want to enjoy the sports day.

1 (1) festival

(2) club

(3) team

(4) contest

(5) tournament

2 (1) I want to join the art club.

(2) I want to enjoy the school trip.

てびき **1** (1) festival は「祭り、（定期的な）催し物」という意味です。

(2)(3)部活動は、ふつう「文化部」には club を、「運動部」には team を使います。

(4) contest は「コンテスト、コンクール」という意味です。

(5) tournament は「トーナメント、選手権大会」という意味です。

2 (1)「あなたは何部に入りたいですか」という質問です。I want to join〈the＋部活動を表すことば〉. で答えます。「私は美術部に入りたいです」と答えています。

(2)「あなたはどんな行事を楽しみたいですか」という質問です。I want to enjoy〈the＋行事を表すことば〉. で答えます。「私は修学旅行を楽しみたいです」と答えています。

(1) ① music

② drums

(2) ① ブラスバンド部［吹奏楽部］
② 合唱コンクール

てびき (1)①最初の文に I like music.（私は音楽が好きです）とあります。

② 2文目に I can play the drums.（私は太鼓［ドラム］をたたくことができます）とあります。

(2)① 3文目に I want to join ～.（私は～に入りたいです）とあります。brass band は「ブラスバンド部」という意味です。

② 5文目に I want to enjoy ～.（私は～を楽しみたいです）とあります。chorus contest は「合唱コンクール」という意味です。

夏休みのテスト

1 (1) ○　(2) ×　(3) ○　(4) ×

2 (1)

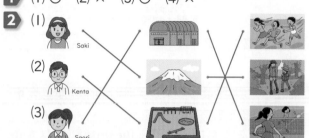

3 (1) ウ　(2) イ　(3) ア　(4) エ

4 (1) ウ　(2) イ　(3) エ　(4) ア

5 (1) | can |　| eat |

(2) | Why |　(3) | What |

(4) | beautiful |

6

We | have | a
| library | .
We can | read | books.
I | want | a | zoo |
in my town.

てびき

1 (1) river は「川」、(2) beach は「浜、浜辺」、(3) aquarium は「水族館」、(4) post office は「郵便局」。

2 What is your favorite place? は「あなたのお気に入りの場所はどこですか」という意味です。My favorite place is ～. でお気に入りの場所を答えています。Why do you like it?（あなたはなぜそれが好きなのですか）と理由をたずねています。We can ～.（～することができるからです）と理由を答えています。

(1) mountain は「山」、enjoy hiking は「ハイキングを楽しむ」という意味です。

(2) park は「公園」、play with our friends は「友達と遊ぶ」という意味です。

(3) gym は「体育館」、play badminton は「バドミントンをする」という意味です。

3 What do you like about Japan?（あなたは日本の何が好きですか）という質問です。

(1)「私は夏祭りが好きです。私は美しい花火を見ることができます」

(2)「私は温泉が好きです。私はそこでリラックスできて、まんじゅうを買うことができます」

(3)「私は雪祭りが好きです。私は雪のアニメキャラクターを見ることができます」

(4)「私は紅葉が好きです。山の葉は赤や黄です」

4 (1)「こんにちは。私の名前はコウジです。私は速く走ることができます。私はサッカーが得意です。いっしょにサッカーをしましょう」

(2)「こんにちは。私はハナです。私は私の町が好きです。大きな公園があります。私たちはそこでテニスをすることができます」

(3)「こんにちは。私はサトルです。私は春の花見が好きです。私たちは木の下でべんとうを食べることを楽しめます。楽しいです」

(4)「こんにちは。私の名前はミカです。私は音楽が好きです。私はピアノをひくことができます。私のお気に入りの場所は音楽室です」

5 (1)「あなたは～することができます」は You can ～. です。「食べる」は eat。cook は「料理をする」。

(2)「なぜ」と理由をたずねるときは why を使います。what は「何」という意味です。

(3)「何が」とたずねるときは what を使います。

(4)「美しい」は beautiful です。fun は「楽しいこと」。

6 前半は「（私たちの町には）図書館があります。私たちは本を読むことができます」という意味にします。「図書館がある」は have a library、「読む」は read。後半は「私は動物が好きです。私の町に動物園がほしいです」という意味にします。「動物園がほしい」は want a zoo。theater は「劇場」です。

読まれた英語

1 (1) river　　　　　(2) beach
(3) aquarium　　　(4) post office

2 (1) Saki, what is your favorite place?
— My favorite place is the mountain.
Why do you like it?
— We can enjoy hiking.

(2) Kenta, what is your favorite place?
— My favorite place is the park.
Why do you like it?
— We can play with our friends.

(3) Saori, what is your favorite place?
— My favorite place is the gym.
Why do you like it?
— We can play badminton.

3 (1) What do you like about Japan?
— I like summer festivals. I can see beautiful fireworks.

(2) What do you like about Japan?
— I like hot springs. I can relax and buy *manju* there.

(3) What do you like about Japan?
— I like snow festivals. I can see anime characters with snow.

(4) What do you like about Japan?
— I like autumn leaves. Leaves in the mountains are red and yellow.

4 (1) Hello. My name is Koji. I can run fast. I'm good at soccer. Let's play soccer together.

(2) Hello. I'm Hana. I like my town. We have a big park. We can play tennis there.

(3) Hello. I'm Satoru. I like *hanami* in spring. We can enjoy eating *bento* under the trees. It's fun.

(4) Hello. My name is Mika. I like music. I can play the piano. My favorite place is the music room.

冬休みのテスト

1 (1) ×　(2) ○　(3) ○　(4) ×

2 (1)(2)(3)

3 (1) エ　(2) ア　(3) イ　(4) ウ

4 (1) 運動会　(2) 踊る［ダンスをする］
(3) 理科　(4) 獣医
(5) 動物を助けたい

5 (1) did　　　(2) went / was
(3) school trip　(4) ate

6
I want to be
a singer.
I'm good at singing.
I want to sing
in front of many people.

てびき **1** (1) dog は「イヌ」、(2) pastry chef は「パティシエ、洋菓子職人」、(3) entrance ceremony は「入学式」、(4) mountain は「山」。(1)の絵は「医者」で doctor、(4)の絵は「マラソン大会」で marathon です。

2 Where do you want to go?（あなたはどこへ行きたいですか）という質問に、I want to go to〈国の名前〉. の形で答えています。Why?（なぜですか）と理由をたずねる質問には、I want to〈動作を表すことば〉. の形で「したいこと」を答えています。
(1) Australia は「オーストラリア」、see the beautiful sea は「美しい海を見る」という意味です。
(2) Germany は「ドイツ」、eat delicious sausages は「とてもおいしいソーセージを食べる」という意味です。
(3) America は「アメリカ」、watch baseball games は「野球の試合を見る」という意味です。

3 (1)「私はステーキを食べました。とてもおい

13

しかったです」と言っているので、レストラン。

(2)「私は父と魚つりを楽しみました。楽しかったです」と言っているので、川。

(3)「私は友達と映画を見ました。わくわくさせるものでした」と言っているので、映画館。

(4)「私は祖父母と話すことを楽しみました。よかったです」と言っているので、祖父母の家。

4 (1) My best memory is the sports day. (私の一番の思い出は運動会です) と言っています。

(2) I enjoyed dancing. (私は踊ることを楽しみました) と言っています。

(3) I like science. (私は理科が好きです) と言っています。

(4) I want to be a vet. (私は獣医になりたいです) と言っています。

(5) I want to help animals. (私は動物を助けたいです) と言っています。

5 (1)「したこと」をたずねるときは What did you do ～? と did を使います。

(2)「行った」は went。go は「行く」です。「～だった」という感想は、It was ～. の形で表します。

(3)「修学旅行」は school trip。school play は「学芸会」という意味です。

(4)「食べた」は ate。saw は「見た」という意味です。

6 「私は歌手になりたいです。私は歌うことが得意です。私はたくさんの人々の前で歌いたいです」という意味にします。「～になりたい」は I want to be ～. で表します。singer は「歌手」、singing は「歌うこと」、sing は「歌う」という意味です。形が似ているので、気をつけましょう。

読まれた英語

1 (1) dog (2) pastry chef
(3) entrance ceremony (4) mountain

2 (1) Satoru, where do you want to go?
— I want to go to Australia.
Why?
— I want to see the beautiful sea.
(2) Saori, where do you want to go?
— I want to go to Germany.
Why?
— I want to eat delicious sausages.
(3) Kenta, where do you want to go?
— I want to go to America.
Why?
— I want to watch baseball games.

3 (1) I ate steak. It was delicious.
(2) I enjoyed fishing with my father. It was fun.
(3) I saw a movie with my friends. It was exciting.
(4) I enjoyed talking with my grandparents. It was nice.

4 Hello, I'm Naoya. My best memory is the sports day. I enjoyed dancing. I like science. I want to be a vet. I want to help animals.

学年末のテスト

1 (1) ×　(2) ○　(3) ×　(4) ○

2 (1)(2)(3)

3 (1) イ　(2) ア　(3) ウ　(4) エ

4 (1) カナダ　(2) 買い物 (をすること)

　　(3) イタリア　(4) かばんを買う

　　(5) 先生 [教師]

5 (1) have　　(2) Why　　(3) see

　　(4) enjoyed / with　　(5) What

6 (1) swim　　(2) calligraphy

　　(3) scientist

　　(4) science club

てびき　**1** (1) art club は「美術部」、(2) culture festival は「文化祭」、(3) baseball team は「野球部」、(4) volunteer day は「ボランティアの日」。

2 (1)「ユキです。社会科が好きです。新聞部に入りたいです」

(2)「タクです。国語が好きです。剣道部に入りたいです」

(3)「サオリです。算数が好きです。コンピューター部に入りたいです」

3 (1)「お気に入りの場所はどこですか」「図書館です。読書が好きです」

(2)「将来何になりたいですか」「バレーボール選手になりたいです。高くとぶことができます」

(3)「一番の思い出は何ですか」「音楽会です。リコーダーをふくことを楽しみました」

(4)「どんな行事を楽しみたいですか」「合唱コンクールを楽しみたいです。歌うことが得意です」

4 (1) I'm from Canada. (私はカナダ出身です)

(2) I like shopping. (私は買い物が好きです)

(3) I want to go to Italy. (私はイタリアへ行きたいです)

(4) I want to buy a bag there. (私はそこでかばんを買いたいです)

(5) I want to be a teacher in the future. (私は将来先生になりたいです)

5 (1)「(私たちの町には) ～があります」は We have ～. で表します。want は「ほしい」。

(2)「なぜ」は why を使います。

(3) see (見る)を使います。saw は「見た」。

(4)「楽しんだ」は enjoyed。「～と (いっしょに)」は with を使います。

(5)「どんな」は what を使います。

6 (1)「何ができますか」「速く泳ぐことができます」

(2)「何が得意ですか」「書写が得意です」

(3)「何になりたいですか」「科学者になりたいです」

(4)「何部に入りたいですか」「科学部に入りたいです」

読まれた英語

1 (1) art club　(2) culture festival

　　(3) baseball team　(4) volunteer day

2 (1) I'm Yuki. I like social studies. I want to join the newspaper club.

(2) I'm Taku. I like Japanese. I want to join the *kendo* club.

(3) I'm Saori. I like math. I want to join the computer club.

3 (1) What's your favorite place?

　　— My favorite place is the library. I like reading.

(2) What do you want to be in the future?

　　— I want to be a volleyball player. I can jump high.

(3) What's your best memory?

　　— My best memory is the music festival. I enjoyed playing the recorder.

(4) What event do you want to enjoy?

　　— I want to enjoy the chorus contest. I'm good at singing.

4 Hello, I'm Kelly. I'm from Canada. I like shopping. I want to go to Italy. I want to buy a bag there. I want to be a teacher in the future.

単語リレー

① comedian ② scientist

③ writer ④ glasses

⑤ racket ⑥ umbrella

⑦ rugby ⑧ surfing

⑨ wrestling ⑩ dessert

⑪ pumpkin ⑫ cookie

⑬ sea ⑭ sun

⑮ rainbow ⑯ giraffe

⑰ whale ⑱ ant

⑲ sports day ⑳ marathon

㉑ graduation ceremony

㉒ Egypt ㉓ Korea

㉔ the U.K. ㉕ fireworks

㉖ festival ㉗ zoo

㉘ town ㉙ bookstore

㉚ shrine ㉛ beautiful

㉜ tall ㉝ sweet

㉞ sour ㉟ enjoy

㊱ teach

㊲ eat dinner

㊳ wash the dishes